Francisco Moreno Fernández

Qué español enseñar

2ª edición actualizada

ARCO/LIBROS, S.L.

Cuadernos de DIDÁCTICA del español/LE
Dirección: FRANCISCO MORENO FERNÁNDEZ

1ª edición, 2000.
2ª edición, 2007.

Juan Bautista de Toledo, 28. 28002 Madrid
ISBN: 978-84-7635-447-6
Depósito legal: M. 29.755-2007
Printed in Spain – Impreso por LAVEL, S. A. (Madrid)

Para mi madre, Ángela Fernández Resa, castellana,
y para mi padre, Francisco Moreno Viedma, andaluz,
por haberme dado mucho más que su acento.

ÍNDICE

Pág.

INTRODUCCIÓN 9

A) EL ESPAÑOL Y SU ESTUDIO

1. EL ESPAÑOL: UNIDAD Y DIVERSIDAD 15
   Demografía del español 17
   El nombre de la lengua 18

2. FUENTES PARA EL CONOCIMIENTO DE LAS VARIEDADES DEL ESPAÑOL 22
   Obras descriptivas 23
   Diccionarios 28

B) EL ESPAÑOL Y SUS VARIEDADES

3. ÁREAS GEOLECTALES DEL ESPAÑOL 35
   Caracterización de las variedades geolectales del español 39
   Variación léxica 47

4. VARIEDADES SOCIALES Y ESTILÍSTICAS DEL ESPAÑOL 51
   Lo culto, lo popular y lo vulgar 51
   El estilo, la función y el contexto 54
   Los lenguajes sectoriales 57

C) EL MODELO DE LENGUA

5. A LA BÚSQUEDA DE UN MODELO 63
   La teoría de los prototipos 64
   Lo frecuente, lo común y lo neutro 67
   Reglas y uso 69
   Academias y lingüistas 72

6. ¿ESPAÑOL DE ALMODÓVAR? – ¿ESPAÑOL DE MI TIERRA? – ¿ESPAÑOL DE DISNEYLANDIA? 76
   Los modelos 79

Lo general y lo particular 82
Dudas frecuentes 84
A modo de cierre 85

CONCLUSIONES 86

REFLEXIONES Y EJERCICIOS 89

SOLUCIONES A LOS EJERCICIOS 90

BIBLIOGRAFÍA 93

INTRODUCCIÓN

Los contextos en que puede desarrollarse la enseñanza y el aprendizaje de la lengua española son múltiples y, a veces, imprevisibles. En esa multiplicidad de contextos tiene un protagonismo destacado la figura del profesor, que, a lo largo y ancho del mundo todo, adquiere perfiles muy diversos: desde el profesor universitario que transmite conocimientos de índole filológica en las licenciaturas de Letras, hasta el profesor contratado por una escuela de idiomas; desde el profesor con formación en lingüística y especializado en enseñar español como lengua extranjera, hasta el profesor, así llamado, sin formación alguna que necesita ganar un dinero ofreciendo clases particulares; desde el lingüista hispanohablante que trabaja como auxiliar de conversación en un departamento universitario, hasta el profesor que no tiene el español como lengua materna y realiza su trabajo en un centro de Educación Secundaria.

Por otro lado, la labor de los profesores de español puede desarrollarse en situaciones lingüísticas muy diversas, lo que afecta también a los objetivos y procedimientos de la enseñanza de la lengua: puede enseñarse español como segunda lengua en California a jóvenes de origen hispano; puede enseñarse como lengua extranjera a adultos de países nórdicos en una escuela de idiomas del centro de Madrid; como puede enseñarse en Santiago de Chile a empresarios brasileños o a hablantes de chabacano en el Instituto Cervantes de Manila. En todos estos casos, los profesores, hispanohablantes o no, pueden recurrir a métodos de enseñanza muy diferentes.

Sea como fuere, en todas estas circunstancias acaba apareciendo una cuestión que preocupa a muchos, atormenta a más de uno y provoca no pocos intercambios de opiniones y juicios de valor entre los profesores de español: ¿qué español hay que enseñar? ¿qué modelo lingüístico conviene seguir? Tales preguntas reciben respuestas muy variadas según las situaciones que se han especificado más arriba y otras muchas que podrían configurar una casuística sin límites.

Debe pensarse que el simple hecho de que alguien se plantee tales cuestiones está revelando, por un lado, la existencia de una multiplicidad de opciones: no hay un solo modelo, manifestación ni uso de la lengua española. Por otro lado, esas preguntas están poniendo de manifiesto que la información de que se dispone no siempre es suficiente o adecuada. En ocasiones no lo es porque el profesorado no está lo suficientemente bien formado; otras veces la dificultad se debe a la escasez de los datos disponibles o a la propia complejidad lingüística del asunto.

Este libro pretende tratar, de una forma ordenada y desde una perspectiva amplia, hasta donde es posible, la cuestión del modelo de español que se puede o se debe llevar a la enseñanza de la lengua. Y se quiere hacer teniendo en cuenta:

a) que los profesores hispanohablantes pueden tener orígenes geolingüísticos y sociolingüísticos muy diversos,
b) que los alumnos pueden necesitar aprender español para fines muy diferentes,
c) que los alumnos van a poder utilizar el español que han aprendido en distintas regiones hispánicas y en diferentes situaciones sociales.

Nuestro punto de partida acepta, sin duda alguna, que la lengua española, como lengua natural, es esencialmente variable y que presenta una multiplicidad de manifestaciones geolectales y sociolectales susceptibles de ser llevadas a la enseñanza. Asimismo se acepta el principio de la unidad fundamental del español, que permite que cualquier profesor de español bien formado, utilice la variedad geolectal que utilice, pueda realizar su trabajo sin dificultad alguna en cualquier rincón del planeta. Unidad y diversidad, hoy por hoy, son hechos incontestables en relación con la lengua española.

A la hora de buscar un título para este libro, creímos adecuado, en un principio, darle forma interrogativa, como reflejo de la cuestión que nos llevó a pergeñarlo y que se plantean numerosos profesores de español por todo el mundo. Las posibilidades que parecían más adecuadas eran del tenor "¿qué español *hay que/se debe* enseñar?" o "¿qué español *se puede* enseñar?". Tal tipo de formulación, sin embargo, no está exento de inconvenientes. Uno de ellos es que, al plantear una fórmula interrogativa directa "¿qué español?", parece aceptarse implícitamente que hay más de un español, es decir, que estamos ante opciones idiomáticas bien diferenciadas, que entrarían en contradicción con uno de nuestros principios recién declarados: la unidad de la lengua española. Por otra parte, el uso de una perífrasis de obligación ("hay que"/"se debe") podría hacer pensar que no hay más que una posibilidad y que ésta puede decidirse al margen de la situación concreta de enseñanza-aprendizaje.

Todo lo anterior merece explicarse y matizarse –en eso van a consistir estas páginas–, pero no hay razón para demorar la presentación de dos ideas fundamentales. La primera de ellas es que las alternativas de modelos de español tienen que ver principalmente con usos geolectales y sociolingüísticos variables, no con lenguas ni con variedades sustancialmente diferentes entre sí. La segunda es que, partiendo de realidades lingüísticas con multitud de elementos comunes, las decisiones últimas sobre qué y cómo enseñar han de ser tomadas en cada contexto de enseñanza y aprendizaje. Por ello es importante disponer de una formación y una información adecuadas y tan completas como sea posible. Finalmente, nuestro título no ha eludido la fórmula interrogativa, aunque ha adoptado una solución indirecta en la que la interrogación permite deducir una diversidad de respuestas: *Qué español enseñar.*

La realidad que nos lleva a tratar este asunto implica, pues, que existen varias formas de presentar la lengua española en su enseñanza, que no disponemos de la información necesaria para saber en todo momento qué enseñar y que es un asunto que preocupa enormemente al profesorado de español. Con estas inquietudes de fondo, nos disponemos a plantear preguntas como éstas: ¿cómo es el español en cuanto a su diversidad? ¿cómo se distribuyen las variedades de una lengua? ¿en qué consisten las principales variedades del español? ¿por qué es tan importante contar con un modelo de lengua en la enseñanza? ¿quién decide lo que es correcto o incorrecto en el uso del español? ¿qué tipo de español conviene enseñar en cada situación? El interés de todas las cuestiones enunciadas –y de otras que saldrán al paso o quedarán en el aire– es bastante más evidente que el de las respuestas que aquí se puedan proponer. Pero la simple reflexión sobre el asunto es beneficiosa en sí misma y, de todos modos, ... se hace camino al andar.

El primer asunto que se va a abordar es la caracterización de la unidad y la diversidad del español: se hacen imprescindibles unas pinceladas básicas sobre las opciones que se presentan ante el profesorado de español, para lo cual comentaremos los rasgos generales del español de hoy, así como de sus variedades geográficas y sociales más destacadas. Una vez caracterizada la lengua, se pasará a tratar la necesidad de un modelo de enseñanza-aprendizaje y a presentar varios conceptos lingüísticos fundamentales. Finalmente, se harán algunas reflexiones sobre posibles modelos dentro de la lengua española. El recorrido es extenso e intenso, pero procuraremos seguirlo presentando ideas y hechos claros, sucintos y fundamentados. Al menos esa es la intención. Si el lector desea llegar más lejos, mucho más lejos, será preciso que lea los trabajos de Alvar, Lapesa, Lope ... y de tantos otros. Allí está dicho casi todo, desde hace mucho tiempo[1].

[1] En esta obra he querido amarrar muchas ideas que vengo madurando desde hace unos años. Agradezco a Juan Jorge Fernández Marrero, Pedro Benítez Pérez y Sonia Izquierdo Merinero, amigos y compañeros en el incipiente Instituto Cervantes de São Paulo, los comentarios realizados a una versión preliminar de este libro.

A

EL ESPAÑOL Y SU ESTUDIO

1

EL ESPAÑOL: UNIDAD Y DIVERSIDAD

En 1998, el *Anuario del Instituto Cervantes* presentaba un panorama general de la situación del español en el mundo cuyos ejes principales mantienen una vigencia plena (Moreno y Otero). Allí se explica que las características de la lengua española, como sistema lingüístico y como vehículo de comunicación de una amplia comunidad, se pueden resumir en los seis puntos siguientes (véase también Marqués de Tamarón):

1. *El español es un idioma homogéneo.* El español es una lengua relativamente homogénea, con carácter de coiné, con un importante grado de nivelación y con un riesgo débil o moderado de fragmentación. La homogeneidad relativa de la lengua española está fundamentada en un sistema vocálico muy simple (5 elementos[1]), en un sistema consonántico con 17 unidades comunes a todos los hispanohablantes[2], en un importante léxico general, en lo que se refiere a los elementos léxicos estructurados, y en una sintaxis que presenta una variación moderada, sobre todo en sus usos cultos. Naturalmente la homogeneidad, mayor o menor, de una lengua como el español no es incompatible con la existencia de variedades internas nacidas en distintas áreas geográficas o en diferentes grupos sociales.

2. *El español es una lengua de cultura de primer orden.* Los nombres de Cervantes y Quevedo, entre los clásicos, de García Lorca y Machado, más cercanos, se unen a los de Borges y Rubén Darío, García Márquez y Vargas Llosa, en las lecciones de literatura universal que se imparten por todo el mundo. La lengua española ha sido vehículo de importantísimas aportaciones al mundo de la cultura y del pensamiento occidental.

---

[1] /a, e, i, o, u/

[2] /p, t, k, b, d, g, f, χ, s, t͡ʃ, y-j, ɾ, r, l, m, n, ɲ/

3. *El español es una lengua internacional.* El español es lengua oficial –en algunos casos co-oficial– en los siguientes países y territorios: Argentina, Bolivia, Chile, Colombia, Costa Rica, Cuba, Ecuador, El Salvador, España, Guatemala, Guinea Ecuatorial, Honduras, México, Nicaragua, Panamá, Paraguay, Perú, Puerto Rico, República Dominicana, Uruguay y Venezuela, así como en los asentamientos del Sahara. Por otro lado, la lengua española es lengua oficial en la ONU y en todos los organismos vinculados a Naciones Unidas. Asimismo, es oficial en otras muchas organizaciones internacionales, entre las que destacan la Unión Europea, la Organización de Estados Americanos o el Mercado Común del Sur, además de serlo en numerosos foros internacionales, como las Conferencias Iberoamericanas de Jefes de Estado y de Gobierno. El español, actualmente, es una de las tres principales lenguas de comunicación internacional, junto al inglés y el francés. Entre estos idiomas suman más de un 40% de la población mundial, repartido por más de cien países.

4. *El español es una lengua geográficamente compacta.* El dominio hispánico es una de las áreas lingüísticas más extensas del mundo, dado que la mayor parte de los países hispanohablantes ocupa territorios contiguos.

5. *El español es una lengua en expansión.* El mayor crecimiento demolingüístico del español se ha producido a lo largo del siglo XX, pero ha sido constante, sobre todo en América, desde los comienzos de la Edad Moderna. Junto a esto, cabe destacar que el español es sentido en América no como una lengua ajena e impuesta, sino como parte de la esencia hispanoamericana.

6. El dominio hispanohablante presenta un *índice de comunicatividad muy alto y un índice de diversidad mínimo o bajo.* La comunicatividad existe cuando una lengua vehicular hace posible la comunicación en una comunidad plurilingüe. La diversidad está relacionada con la probabilidad de encontrar dos hablantes, elegidos al azar, que hablen lenguas diferentes (Fasold). En los territorios en los que el español es lengua oficial, el número de hablantes que lo tienen como lengua materna supone una proporción cercana al 95%, frente al 30% de anglohablantes en los territorios de oficialidad del inglés o al 35% de hablantes que tienen el francés como lengua materna en los países en que esta lengua es oficial.

DEMOGRAFÍA DEL ESPAÑOL

En el estudio demolingüístico que Moreno y Otero realizaron para el *Anuario* del Instituto Cervantes, se ponía de manifiesto la necesidad de fijar unos criterios elementales que permitieran afrontar con unas garantías mínimas el recuento de hablantes de español, esto es, reflejar cuantitativamente el peso de la lengua española en el mundo. Por ello, para conocer la dimensión del *Grupo de Dominio Nativo* (GDN) del español –el número de personas que lo dominan como lengua nativa o materna– es necesario tener en cuenta su evidente carácter de coiné y la homogeneidad lingüística de sus niveles más cultos. Pero, también debe valorarse que la lengua española aglutina variedades diversas. Por todas estas razones, Moreno y Otero consideran como “manifestaciones” de la lengua española todas sus variedades europeas, americanas y africanas, incluyendo las hablas criollas de base hispánica o de componente principal hispánico (papiamento, chabacano, palenquero), así como las variedades judeo-españolas distribuidas por varios lugares del mundo (Moreno Fernández, 2005).

Los recuentos demolingüísticos realizados por Moreno y Otero (2007) muestran que el número de hablantes de español, los que lo dominan como nativos o en un grado equivalente, alcanza los 400 millones. Para realizar este cálculo se ha tenido en cuenta la información procedente de los censos de población de los países en los que el español es lengua oficial, nacional o vehicular. Estos hablantes conforman el GDN del español, que incluye los bilingües de español con otras lenguas. A ellos habría que añadir los que lo dominan con alguna limitación (*Grupo de Competencia Limitada*), procedentes en su mayor parte de territorios en los que el español no es oficial, y los que lo usan por haberlo adquirido como lengua extranjera (*Grupo de Aprendices de Lengua Extranjera*). En conjunto, la comunidad idiomática del español superaría los 450 millones de personas.

La cantidad de hablantes señalada hay que tomarla con todo tipo de reservas, por las propias dificultades metodológicas del trabajo demolingüístico, entre las que destacan la diversidad, la escasa fiabilidad y la escasez de las fuentes. Debido a esto mismo, podemos suponer que el número real de hispanohablantes es mayor, aunque no exista constancia estadística de tal hecho. Estaríamos, sin embargo, no en el ámbito de la descripción sino en el de la suposición más o menos fundada.

Estas son, a grandes rasgos, las principales características "externas" de la lengua española y su uso en el mundo. Los datos y comentarios que se ofrecen justifican la multiplicidad de contextos y situaciones en los que hoy es posible la enseñanza-aprendizaje del español, y ayudan a explicar la riqueza y variedad de esta lengua. Pero, ¿cuáles son las principales variedades geolectales del español? ¿qué características aparecen en unas zonas y no en otras? ¿cuáles son comunes a todo el dominio y cuáles son endemismos geolingüísticos? Antes de dar respuesta a estas cuestiones, merece atención otro asunto.

El nombre de la lengua

La relativa a los nombres de las lenguas es materia delicada y conflictiva porque los hablantes nos empeñamos en convertir las palabras en banderas y símbolos tanto de identidad como de enfrentamiento. En nuestra opinión, el asunto del nombre de la lengua española puede abordarse en dos niveles. El primero, poco preocupante, es el del nombre genérico. Aquí, cada territorio hispánico responde a una tradición que se mueve entre los términos *español* y *castellano*, según las razones históricas y geográficas de cada área: en Castilla se prefiere *castellano* porque siempre ha sido el nombre de la tierra; en Andalucía se prefiere *español* porque se piensa que lo que allí se habla no suena como lo de Castilla; en México y Puerto Rico se prefiere *español* tal vez porque marca mejor la distancia respecto al inglés; en Argentina se prefiere *castellano* porque se sabe que lo que allí se habla no suena como el español de España. Las razones podrían multiplicarse hasta casi el infinito. En el ámbito político, las constituciones hispanoamericanas se inclinan hacia *español* en Norte y Centroamérica, aunque, curiosamente, España haya oficializado *castellano.* En el terreno de la lingüística suele usarse *español* y se reserva *castellano* para una de sus manifestaciones geolingüísticas (la de Castilla) e históricas (la medieval). En la comunicación internacional, son las voces *español* y *lengua española* las que se han universalizado (*Spanish, espagnol, Spanisch, espanhol*).

Algo más preocupante, sin embargo, es el segundo nivel, más específico. La cuestión que se está destapando en los últimos años con cierta intensidad no tiene que ver con el nombre general de la lengua, sino con el nombre de la lengua en/de cada región.

Desde este punto de vista, los lingüistas no aprecian graves problemas y prefieren trabajar con el recurso "español de" o "español en": español de México, español de Chile, español de Puerto Rico. Es verdad que los tratados de dialectología recogen denominaciones como *andaluz, caribeño, canario* o *mexicano*, pero se hace así porque se pretende el análisis y la explicación de la diferencia.

En el ámbito de la informática se produce un hecho curioso: al trabajar con diversos idiomas en las aplicaciones o programas, como *Office* por ejemplo, se ofrece la posibilidad de elegir diversos tipos de "español". En estos casos, sin embargo, siempre se utiliza la misma etiqueta (*Español*) acompañada, entre paréntesis, por el nombre de un país hispánico: "Español (Guatemala)". En general, las diferencias entre el "español" adjudicado a cada país son de naturaleza léxica y nos atreveríamos a decir que probablemente sean muy pequeñas (¿nulas? ¿ridículas?), tanto que habría que recurrir al argumento de la aproximación al cliente para entender tan variada y peculiar oferta lingüística. Hemos dicho "probablemente" porque los "diccionarios" de esos "tipos de español" se presentan encriptados y no pueden ser consultados ni corregidos. Pero nos preguntamos: ¿qué hay que ocultar? ¿acaso que esos tipos de español no son tan diferentes? ¿qué problema lingüístico plantea el uso de un solo diccionario común? ¿acaso un argentino no puede recurrir a un uso guatemalteco, si lo cree oportuno, sin ser corregido por la máquina? ¿acaso un escritor español nacido en Galicia no puede recurrir a usos venezolanos en la composición de una obra literaria sin dejar de escribir en la misma lengua?

El deseo de ofrecer servicios y productos que suenen familiares y cercanos a los hablantes de unas regiones determinadas –considerados también como usuarios o clientes– lleva a algunas empresas a doblar películas o series de televisión creadas en español a variedades del español distintas de la original. En ocasiones se etiquetan productos atendiendo a las variedades de español supuestamente predominantes en ciertas áreas geográficas, con resultados tan curiosos como el de poner, en una bolsa del tubérculo más internacional cortado en láminas finas y cocinado en aceite hirviendo, la etiqueta "papas fritas" junto a una banderita argentina y la etiqueta "patatas fritas" junto a una banderita española, como si en España no se usara "papas" o en Argentina se desconociera lo que es "patata".

En relación con las variantes del español utilizadas en productos comerciales y para los empresarios que sientan la irrefrenable tentación de plegarse a las presumibles identidades de los clientes, habría que decir:

a) que la lengua española es sentida como una en todo el mundo hispánico, aunque variada;

b) que no existen, en general, rechazos serios por parte de los hablantes de ninguna región hacia variedades distintas de la suya;

c) que la falta de coincidencia en el vocabulario, cuando se produce, suele compensarse con el conocimiento activo y pasivo de segundas y terceras variantes léxicas;

d) y que el mundo hispánico tiende claramente a la homogeneización gracias a la influencia potentísima de los medios de comunicación social.

Por fortuna, todos los hispanohablantes nos sonamos cada vez más familiares y cercanos, sobre todo cuando no se insiste en los elementos localistas ni en los coloquialismos, como se hace en las producciones de Disney o en la CNN. Cierto es que cada país hispánico puede doblar las películas extranjeras en su propia variedad, claro, pero en ninguno de ellos se dobla a dos variedades por cuestiones comerciales. Es más, no resulta infrecuente que teleseries ya dobladas en un país (por ejemplo, en México) se exhiban tal cual en otros países hispánicos (por ejemplo, en España). El éxito de las telenovelas mexicanas o venezolanas en todo el mundo hispánico es una realidad incontestable y se emiten en sus variedades originales, aunque cuidadas en el léxico y la fraseología para facilitar su comprensión general.

Como se puede imaginar, una variedad con elementos muy marcados por razones de geografía, tiempo, sociedad, profesión o estilo siempre es más difícil de entender que una variedad poco marcada. Desde México se puede decir que no se entienden bien las películas hechas en Argentina o en España, generalmente las que tienen muchos coloquialismos, pero también se puede decir que no se entienden bien *La Celestina*, las hablas entreveradas, el lenguaje de los informáticos o las traducciones de los escritos filosóficos de Wittgenstein, todos ellos usos muy marcados por algún factor. Pero, ¿quiere esto decir que nos hallamos ante lenguas distintas? Claro que no. La mayor o menor comprensión de unas variedades u otras dependerá, en gran medida, de la cultura (lingüística) del hablante.

La labor del profesor de español también es conocer y explicar con claridad hasta qué punto llega la diversidad y la unidad de la lengua, así como qué significado social y lingüístico tienen sus nombres.

2

FUENTES PARA EL CONOCIMIENTO DE LAS VARIEDADES DEL ESPAÑOL

En el capítulo anterior se ha señalado que la lengua española es una coiné: se caracteriza por una homogeneidad lingüística apreciable especialmente en los niveles más cultos. Esa naturaleza común y la homogeneidad hacen posible el entendimiento –la intercomprensión– entre hablantes procedentes de latitudes muy alejadas entre sí: la unidad del español se demuestra en este hecho.

El carácter de coiné del español puede expresarse también a través del viejo concepto estructuralista de diasistema, entendido como sistema de sistemas, esto es, como un sistema lingüístico, con una estructura tan simplificada como sólida, que sirve de base para el desarrollo de diversos sistemas en comunidades de áreas geográficas diferentes. El diasistema, hispánico o panhispánico, aparece en un nivel de abstracción bastante elevado, lo que hace que no sea "hablado" por nadie tal cual, puesto que solo se manifiesta a través de sistemas geolectales más limitados, que a su vez se concretan en hablas mucho más cercanas a las actuaciones reales de los hablantes. Una tercera forma de explicar la unidad del español consiste en recurrir a la teoría de prototipos. Así lo hace Ángel López García (1998). Desde este punto de vista, lo que llamamos "lengua española" no sería una realidad objetiva, sino una categoría mental prototípica a la que adscribimos todas sus variedades dialectales.

Ahora bien, a pesar de la importancia, teórica y práctica, de los conceptos de coiné, diasistema o prototipo y de la realidad a la que se refieren –y de la que participan todos los hablantes– , es fundamental comprender, ya lo hemos dicho, que el español aglutina variedades geolingüísticas y sociolingüísticas diversas. Con esto se quiere decir que, sin negar lo común, es evidente que la lengua general se manifiesta de formas distintas de acuerdo con variables externas a ella, como son la geografía, el tiempo, la sociedad y la situación. De esas variables, nos van interesar especialmente la geografía y la sociedad, es decir, los resultados variables que las distintas realidades geográficas y sociales del dominio hispánico provocan sobre el español.

La lengua española presenta variedades dialectales en Europa, América y África. Asimismo incluye hablas criollas en América (papiamento, palenquero) y Asia (chabacano, chamorro), y una variedad sin circunscripción geográfica compacta (judeo español). Aunque después ofreceremos comentarios más detenidos, anticipamos que, al hablar de variedades dialectales, no nos referimos a variantes populares, vulgares o desprestigiadas –a modalidades de segunda fila–, sino sencillamente a manifestaciones de la lengua tal cual aparecen en ámbitos geográficos concretos (geolectos).

El profesor de español como lengua segunda o extranjera debe tener una formación básica –y disponer de una información adecuada– sobre la realidad dialectal de la lengua que enseña. Más concretamente, es importante que conozca los caracteres fundamentales de las variedades de Europa y de América, por ser las mayoritarias y las más extensas.

Las fuentes principales de información sobre las variedades geográficas del español las constituyen las obras descriptivas y los diccionarios. Bajo el rótulo de "obras descriptivas" incluimos los manuales generales de dialectología, los trabajos de investigación geolingüística y los estudios monográficos sobre hablas específicas. Consideramos diccionarios de interés geolingüístico todos aquellos que incluyen información sobre la procedencia y el uso de las voces en ellos contenidas y, especialmente, aquellos que recogen el léxico de determinados territorios.

2.1. Obras descriptivas

2.1.1. *Manuales y obras de consulta*

El profesor de español necesita disponer, en la biblioteca de su centro de trabajo, de una mínima bibliografía con la que solucionar sus dudas relativas a los usos lingüísticos del mundo hispánico, esas dudas que a menudo surgen al preparar una unidad o poco antes de entrar en clase. Los manuales generales más actualizados y útiles sobre la diversidad geográfica del español quedan reseñados a continuación.

ALVAR, M. (dir.), *Manual de dialectología hispánica. El español de España*, Barcelona, Ariel, 1996.

ALVAR, M. (dir.), *Manual de dialectología hispánica. El español de América*, Barcelona, Ariel, 1996.

El manual dirigido por Manuel Alvar se presenta en dos volúmenes dedicados, respectivamente, a la situación del español en España y en América. Se trata de un manual universitario, el más actualizado y completo, en el que cada capítulo ha sido redactado por un investigador especializado en una región determinada. Por lo general, las descripciones de las variedades de cada región se organizan por niveles lingüísticos (fonética-fonología, morfosintaxis, léxico) y resulta relativamente fácil encontrar tanto la caracterización general de una zona como tales o cuales rasgos concretos. No obstante, al profesor con pocos conocimientos de lingüística puede serle dificultosa la comprensión de ciertos términos o signos especializados. Por otra parte, así como existen diversas obras que tratan las características del español de América, no hay otra con tal nivel de información para el español de España. Los manuales clásicos de dialectología española, aunque conservan su interés, acusan una notable falta de actualización.

VAQUERO, María, *El español de América, I. Pronunciación*, Madrid, Arco/Libros, 1998.

VAQUERO, María, *El español de América, II. Morfosintaxis y léxico*, Madrid, Arco/Libros, 1998.

Los volúmenes de María Vaquero son una síntesis clara de la situación actual del español de América. La autora separa las informaciones fonético-fonológicas de las morfosintácticas y las léxicas, y selecciona muy bien los rasgos geolingüísticos más relevantes y significativos. Merece destacarse la sencillez con que se explican cuestiones tan complejas como el seseo o las formas de tratamiento en relación con los usos verbales. La búsqueda de la información debe hacerse por niveles y fenómenos lingüísticos. Por lo general, después de la explicación de cada aspecto tratado (por ejemplo, alargamiento vocálico, leísmo, laísmo y loísmo, voseo, etc.) se ofrece una descripción pormenorizada de la situación en cada país hispanoamericano. Dado que la extensión de la obra es reducida, por su carácter sintético, resulta cómodo y fácil encontrar la información que interesa en cada momento.

* * *

Si de lo que se trata es de conseguir información, no tanto de las características lingüísticas –internas– de las principales variedades del español, como de la situación lingüística de los territorios hispánicos, pueden consultarse obras como las siguientes:

ECHENIQUE, Mª Teresa y Juan SÁNCHEZ, *Las lenguas de un reino. Historia lingüística hispánica*, Madrid, Gredos, 2005.

En esta obra se presentan aspectos muy relevantes de los dominios lingüísticos de España: español o castellano, catalán, gallego y vasco, junto a las variedades astur-leonesas y aragonesas. Aquí puede encontrarse información de distinta naturaleza, incluida la literaria y la legislativa. Se ofrecen caracterizaciones lingüísticas y perfiles históricos llenos de interés. Es este un libro sintético, que permite también la consulta rápida y fácil y que ayuda a atajar muchas afirmaciones que circulan a menudo entre estudiantes extranjeros de español: afirmaciones como que el gallego es un dialecto del español, que en el País Vasco solo se habla euskera o que el catalán es una lengua de familia diferente a la del español. La peor información es aquella que se da en medias dosis o extrapolando fenómenos ajenos a la lengua misma.

LASTRA, Yolanda, *Sociolingüística para hispanoamericanos*, México, El Colegio de México, 1992.

Este manual de Yolanda Lastra es una introducción a la disciplina sociolingüística. Tal vez por ello, es posible que no capte la atención de muchos profesores de español como lengua extranjera, especialmente de los que no tienen demasiado interés por la lingüística como disciplina. Ahora bien, una parte del volumen está dedicada a describir la situación lingüística de cada uno de los países hispanos: cuántas lenguas se hablan, en qué contextos, qué tipo de hablantes. Aquí es donde se encuentran datos que un profesor de español puede necesitar.

* * *

Como punto de partida, las referencias bibliográficas presentadas, aunque importantes, cubren tan solo unos mínimos. No es justo, por lo tanto, silenciar completamente la importancia y la calidad de otros manuales y obras de referencia de la dialectología hispánica: Fontanella de Weinberg, Hernández Alonso, Lipski, Lope Blanch, Montes Giraldo o Moreno de Alba, por citar algunos. Todos ellos dan informaciones y datos de interés para el profesor de español.

2.1.2. *Obras de investigación geolingüística*

Afortunadamente para todos los que se preocupan, más de cerca o más de lejos, por el español, los últimos años han visto iniciarse y culminarse varios proyectos de investigación geolingüística de enorme trascendencia para el conocimiento de la lengua. Estamos haciendo referencia, naturalmente, a los atlas lingüísticos (Chile, Colombia, México, Uruguay), entre los que destaca el proyecto del *Atlas Lingüístico de Hispanoamérica*, dirigido por Manuel Alvar y Antonio Quilis, pero también a otro tipo de materiales.

En cuanto al léxico, merece comentarse el proyecto "Variación léxica del español en el mundo" (Varilex), coordinado por Hiroto Ueda y Yoshihiro Takagaki, que reúne informes léxicos de varias decenas de capitales hispánicas. En este proyecto se recogen las variantes con que se denominan objetos de la vida cotidiana moderna y urbana: léxico del automóvil, de las prendas de vestir, del menaje del hogar o de los juegos infantiles. Algunas muestras pueden consultarse a través de Internet en la página de Varilex[1]. Una parte de los materiales que vamos a manejar como ejemplos proceden de este proyecto.

Durante los últimos años, sin embargo, ha proliferado de modo singular la formación de corpus de lengua, oral y escrita, de distinta procedencia geolingüística. Algunos de estos corpus pueden consultarse en CD-Rom.

SAMPER PADILLA, J.A., *Macrocorpus de la norma lingüística culta de las principales ciudades de España y América*, Las Palmas, Universidad de Las Palmas – ALFAL, 1998. CD-Rom.

El macrocorpus de la norma culta incluye muestras procedentes de hablantes de diversas ciudades hispánicas: Madrid, Sevilla, Las Palmas, México, La Habana, San Juan de Puerto Rico, San José de Costa Rica, Bogotá, Caracas, Lima, La Paz, Santiago de Chile, Buenos Aires. Son materiales de lengua culta, recogidos de hom-

[1] Puede encontrarse "Varilex" y "Hiroto Ueda" en cualquier motor de búsqueda.

bres y mujeres de diversas edades, correspondientes a un total de 90 horas de grabaciones. Gracias a ellos, el profesor de español puede disponer de unas muestras ideales para la búsqueda de ejemplos que ilustren los contenidos de sus clases. La gran ventaja de este macrocorpus es contar, a través de un mismo instrumento, con datos procedentes de una docena de regiones hispánicas.

* * *

El mismo tipo de consulta puede hacerse con otras colecciones de materiales preocupadas también, en distinto grado, por la variación geolingüística. La más importante de ellas es tal vez el "Corpus de Referencia del Español Actual", recopilado y editado electrónicamente por la Real Academia Española (http://www.rae.es). Este corpus de referencia está formado en su mayor parte por materiales de lengua escrita, pero también tiene materiales orales, incluido el propio macrocorpus de la norma culta, o materiales grabados en diversas comunidades hispanohablantes.

Pero, si de materiales de lengua escrita se trata, no hay más que consultar las páginas de Internet de los principales diarios del mundo hispánico para conseguir las muestras que se puedan necesitar. Estas son algunas direcciones:

España: www.elpais.es; www.abc.es; www.elmundo.es; www.larazon.es
México: www.excelsior.com.mx
Argentina: www.lanacion.com.ar; www.clarin.com.ar
Colombia: www.eltiempo.com
Chile: www.copesa.cl
Puerto Rico: www.caribe.net/bicenter/laera

Pueden encontrarse muchas más direcciones electrónicas en servicios de información como los que ofrece el Instituto Cervantes a través de su Centro Virtual Cervantes ("El oteador": http://cvc.cervantes.es). Las inmensas posibilidades de Internet hacen que estén disponibles permanentemente muchos materiales con valor geolingüístico. El profesor tan solo tiene que saber cómo y dónde buscar en la red. La lejanía o la falta de muestras de lengua viva de cualquier país hispanohablante ya no sirven como justificación para dejar de elaborar una explicación o de ejemplificar un uso de lengua.

2.1.3. *Estudios monográficos*

En el capítulo de los estudios monográficos hay que remitir a los centenares de artículos, libros, tesis doctorales e informes publicados a lo largo y ancho del mundo universitario, no solamente hispánico. Por lo general, el profesor de español para extranjeros ni tiene por qué estar al día sobre cada artículo que se publica sobre cualquier aspecto de la lengua en cualquier rincón hispánico, ni tiene tiempo, entre clase y clase, de buscar una información que frecuentemente no está al alcance de la mano de casi nadie.

No obstante, existen repertorios bibliográficos que ofrecen cumplida información sobre los aspectos más relevantes de todas las variedades del español. Uno de ellos son los cuadernos bibliográficos del español de América.

LÓPEZ MORALES, Humberto (dir.), *El español de América. Cuadernos bibliográficos,* Madrid, Arco/Libros.

El plan de la obra recoge cuadernos dedicados a 1. Generalidades, 2. América Central, 3. las Antillas, 4. Argentina, Paraguay y Uruguay, 5. Bolivia, Ecuador y Perú, 6. Chile, 7. Colombia y Venezuela, 8. Estados Unidos, 9. México y 10. Índices. Cada uno de los cuadernos clasifica las referencias bibliográficas según sus posibilidades, en apartados como los siguientes: bibliografías, historiografía lingüística, volúmenes colectivos, estudios generales y regionales, fonología, morfosintaxis, léxico-semántica, dialectología, sociolingüística, discurso, pragmática, enseñanza de la lengua.

Naturalmente, los manuales y obras de referencia que se han citado en apartados anteriores remiten a multitud de trabajos específicos que el lector podría buscar y consultar según sus posibilidades de tiempo y sus recursos de investigación.

2.2. DICCIONARIOS

La primera cita obligada, al hablar de uso, enseñanza y aprendizaje del español, es el *Diccionario de la Lengua Española* de la Real Academia Española (DRAE). El diccionario académico atesora unas virtudes que han sido puestas de relieve en muchas ocasiones. El hecho de que los hispanohablantes dispongamos de una referencia lexicográfica común, aceptada y respetada ha supuesto un enorme servicio a la comunidad hispánica en su conjunto y, muy especialmente, a las personas que se dedican a la enseñanza y el aprendizaje de la lengua. Entre las virtudes que reúne la obra está la de incluir un número grande de voces procedentes de prácticamente todas las áreas hispánicas importantes: el diccionario de la Academia tiene una intención panhispánica que se ha ido haciendo progresivamente más explícita.

La publicación del *Diccionario panhispánico de dudas* (DPD) (2005), firmado por la Real Academia Española y la Asociación de Academias de la Lengua Española, ha supuesto un importante avance en la lexicografía académica, al adentrarse de lleno en un terreno que antes estaba acotado por los llamados "diccionarios de dudas". El DPD resulta de gran utilidad para la enseñanza de la lengua porque, al lado de las prescripciones y del esclarecimiento de los usos normativos, se ofrecen informaciones sobre variantes propias de distintos ámbitos geográficos y orientaciones sobre usos más o menos recomendables. Es especialmente llamativa la cantidad de extranjerismos incluidos en esta obra, no tanto por el hecho mismo de su inclusión –dado que suelen ser terreno abonado para la duda– como por la generosidad con que se les concede carta de naturaleza en español a muchos de ellos y a su tratamiento gramatical (por ejemplo, plurales en "consonante+s"). En cualquier caso, el DPD parece responder a un intento de acercar la norma académica al uso culto, asunto que se tratará algo más adelante.

Además de los diccionarios académicos, es imprescindible, en la enseñanza de la lengua, el conocimiento y la consulta de los diccionarios de americanismos. Entre ellos destacamos el de Marcos Morínigo.

MORÍNIGO, Marcos A., *Diccionario del español de América*, Madrid, Anaya-Muchnik, 1993.

El *Diccionario del Español de América* es una obra clásica que recoge indigenismos y americanismos extendidos por toda Hispanoamérica, aquellos que son utilizados en amplias regiones del continente y los que han transcendido gracias a su uso literario. Este hecho precisamente –elaboración a partir de la lengua escrita– ha supuesto que la representación de los países hispanoamericanos no sea parigual. Acerca de los conceptos de "indigenismo" y "americanismo", debe recordarse que en el primero se incluye la voz indígena que ha pasado al español, aunque los hablantes no tengan ya consciencia de su origen primero; por "americanismo" se entiende el vocablo creado, inventado o derivado de una palabra patrimonial en el español en América.

La nómina de entradas del diccionario se completa con voces que han desarrollado en América acepciones diferentes de las utilizadas en el español de España –arcaísmos, marinerismos y regionalismos que, si bien son hoy desconocidos en el español peninsular, mantienen su vitalidad en América– y latinismos, galicismos, anglicismos, africanismos, etc. que se han introducido en el español de América por caminos muy diversos. El *Diccionario del español de América* es un repertorio lexicográfico del español del continente americano y procura dejar a un lado todas aquellas formas léxicas que son habituales en España, que ciñen su uso a regiones concretas y no se encuentran en la lengua escrita o que son más frecuentes en hablantes nativos que no dominan el español.

* * *

La lexicografía hispánica, que ha progresado enormemente desde 1985, tiene ya a disposición de los profesores y los aprendices de español varias obras elaboradas con un decidido sentido geolingüístico. Son obras en las que se presenta el léxico español de un territorio determinado –generalmente un país– y se ponen de relieve las diferencias del léxico allí usado respecto del léxico de España o del de algunas obras de referencia del español general.

LARA, Fernando, *Diccionario fundamental del español de México*, México, El Colegio de México – FCE, 1982.

HAENSCH, Günther y Reinhold WERNER, *Nuevo diccionario de americanismos*, Bogotá, Instituto Caro y Cuervo, 1993.

ACADEMIA ARGENTINA DE LETRAS, *Diccionario del habla de los argentinos*, Buenos Aires, Espasa, 2004.

Los diccionarios de Lara, de Haensch y Werner y de la Academia Argentina de Letras presentan voces y usos propios o característicos de distintos países. El de Lara recoge el léxico fundamental del español de México. El de la Academia argentina no es un diccionario de uso del español en la Argentina, sino una obra que contrasta los vocablos que se consideran propios de los argentinos con los usos españoles, a partir de la información del DRAE. El de Haensch y Werner es un ambicioso proyecto formado por obras específicas elaboradas por países. Todos los diccionarios parciales publicados (colombianismos, argentinismos, uruguayismos, cubanismos) están redactados con unos mismos criterios, según los cuales se marcan las discrepancias entre el léxico de un determinado país, recogido con diversos procedimientos, y el léxico del español peninsular. Resulta especialmente útil para los profesores de español el índice "español peninsular-español colombiano (o argentino, uruguayo, etc.)", que permite conocer de forma directa y simple las equivalencias de las variantes léxicas de España y de otros países. También son muy útiles, dadas las diferencias entre Europa y América, los índices de nomenclatura botánica y zoológica que se incluyen al final de cada diccionario.

Finalmente, para cerrar el comentario de los diccionarios de áreas concretas, es imprescindible la referencia al diccionario de Manuel Seco para el español hablado en España.

SECO, Manuel, Olimpia ANDRÉS, Gabino RAMOS, *Diccionario del español actual*, Madrid, Aguilar, 1999.

Se trata de una obra que pretende recoger el léxico vivo del español, para lo cual se ha establecido una nueva planta en la que se arrincona la referencia de los repertorios lexicográficos tradicionales: a partir de una base de documentos procedentes de España se han extraído las entradas y acepciones que debían figurar en la obra. Estamos, consecuentemente, ante un diccionario descriptivo, que presenta usos reales, con 75.000 entradas extraídas de cerca de 2.000 documentos (libros, impresos, publicaciones periódicas). Esos documentos fueron publicados entre 1955 y 1993, por lo que puede afirmarse que el español recogido es realmente contemporáneo. Por otro lado, el *Diccionario del español actual* ha otorgado gran importancia a la información de índole gramatical, elemento crucial también para el profesorado de español.

B
EL ESPAÑOL Y SUS VARIEDADES

3

ÁREAS GEOLECTALES DEL ESPAÑOL

Las fuentes presentadas, así como otras muchas que no se han podido comentar por razones de espacio, proporcionan datos y materiales suficientes para conseguir una imagen aproximada de las principales características del español en sus diversas áreas geográficas. Falta mucho por saber, hay mucho que investigar, pero ya se sabe lo suficiente como para afrontar con solvencia la enseñanza de la lengua.

El establecimiento de las principales áreas del español obliga a partir de una serie de hechos decisivos en la configuración de la lengua en todas sus variedades. El primero de ellos es que España y América comparten, no solamente los rasgos de lo que podemos llamar el "español general", sino también la inmensa mayoría de los hechos lingüísticos que se manifiestan como variables. Esto ocurre sobre todo en el terreno de la variación fonético-fonológica y en el de la gramática: raro es el fenómeno perteneciente a estos niveles que no se halla a ambos lados del Atlántico, en alguna de sus regiones, en alguna de sus ciudades, en alguna de sus comarcas o departamentos. Es natural que existan usos no coincidentes, pero los encontramos más bien en el léxico y, dentro del léxico, mucho más en la parcela que se denomina "léxico nomenclador", aunque haya algún rasgo gramatical muy llamativo, como el voseo, que en la actualidad se localiza en América.

A veces los hispanohablantes nos empeñamos en ser diferentes a toda costa, cuando no lo somos tanto. Entre hispanos, es relativamente frecuente oír afirmaciones como: "Me gustan mucho los alcauciles, como decimos en mi país"; a lo que suelen responder hispanohablantes de otros países: "Y en el mío también los llamamos así". Y ... en España también hay regiones que no usan la forma "alcachofa" sino "alcaucil". Esta realidad puede dar lugar a dos posiciones, que acaban siendo igualmente inapropiadas: la del tonto y la del loco. El tonto diría que todas las áreas hispánicas son iguales, que no hay diferencias entre ellas y que, si las hay, no importan; el loco diría que no tienen nada que ver unos países con los otros, que todos son diferentes y que cada uno es como es y tiene su propia personalidad. Pero ... ni todos idénticos ni todos excéntricos.

Un segundo hecho relevante es que, como bien se sabe, España no es uniforme lingüísticamente (omitimos los comentarios sobre la diversidad de lenguas), pero es que América, en contra de la impresión que muchos tienen y que a veces se ha podido dar desde España, tampoco lo es, ni mucho menos: las distancias, la geografía y la historia explican el porqué fácilmente. Las diferencias que se observan entre el español de México y el de Argentina son obvias, como lo son las que existen entre el español de León y el de las Islas Canarias. Se ha llegado a decir que hay más distancia lingüística entre el Norte y el Sur de la Península que entre el español de Norteamérica y el de la Patagonia. No es una afirmación descabellada, pero ahora lo que importa es señalar que en ambos continentes se nos muestran una riqueza y una variedad internas evidentes, aunque no alcance, ni mucho menos, el nivel de divergencia de otras lenguas.

También se ha afirmado, con ligereza, que el español de América tiene un aire arcaizante, frente al de España. Este ha sido uno de los aspectos denunciados por Lope Blanch en su trabajo sobre la falsa imagen del español de América (Lope Blanch, 1992). A este respecto, no es necesario insistir mucho en que el concepto de "arcaísmo" se refiere a elementos lingüísticos anticuados en relación con un momento determinado, por lo que mal se puede decir de una forma que es arcaica si es utilizada de manera habitual por 25, 50 ó 100 millones de personas. Se ha hablado de arcaísmo para voces como *pollera* 'falda', *canilla* 'grifo', *escobilla* 'cepillo', *vidriera* 'escaparate' o *bravo* 'irritado', y para rasgos como el voseo. Ninguno de ellos lo es en importantes áreas americanas: podrán serlo respecto de los usos habituales en el español de la Península Ibérica o de otras áreas, pero no si se considera el dominio hispánico como un todo. Desde esta perspectiva, cada región tiene sus propios arcaísmos y, para aplicar el término de forma general, habría que valorar la dimensión cuantitativa del uso en su conjunto.

Por otro lado, es innegable que los fenómenos lingüísticos son percibidos de manera diferente en cada región y que despiertan actitudes dispares. Muchos se han llegado a convertir en auténticos símbolos o marcas de grupo, que deambulan más por el terreno de los estereotipos que por el del estricto realismo. Así, los hablantes de España se identifican desde América por utilizar la *zeta* y por decir *vosotros*; a su vez, los hablantes americanos se identifican desde España por ser seseantes, por vosear (muchos de ellos) o por utilizar ciertos recursos gramaticales (por ejemplo, diminutivos de adverbios: *ahorita, aquicito*). En este nivel de creencias, no se tiene en cuenta, desde América, que muchos españoles también sesean (andaluces –no todos– , canarios y algunos más) o que en algunas zonas españolas también se usa *ustedes* para el tratamiento de segunda persona del plural (Andalucía occidental, Canarias). Para ser justos, habría que decir que tampoco se aprecian estos hechos en las creencias de muchos españoles; por eso es relativamente frecuente que los castellanos desapercibidos se desconcierten cuando oyen hablar a un canario, llegando incluso a confundir su habla con las más típicas americanas.

Si nos situamos en el plano de los hechos de lengua y no en el de las creencias y las actitudes lingüísticas, el mundo hispanohablante no es homogéneo y, por tanto, debe reconocerse la existencia de áreas geolectales. A lo largo del último siglo se han hecho diversas propuestas de zonificación: unas se fundamentan en criterios fonéticos, otras en rasgos léxicos y algunas usan como referencia ciertos fenómenos gramaticales (Moreno Fernández, 1993)[1]. A propósito de América, también se ha hablado de la coincidencia de las principales áreas del español con las de las lenguas indígenas más difundidas: náhuatl (México), maya (Centroamérica), quechua (zona andina), mapuche (Chile) y guaraní (La Plata). Todas estas propuestas han tenido una parte de acierto, aunque respecto a las lenguas indígenas, parece cada día más clara la escasa incidencia que han tenido en el desarrollo histórico y en la situación actual de la lengua española, fuera de la presencia de indigenismos específicos y de los procesos característicos de hablantes bilingües o semilingües, con dominio insuficiente de una de las lenguas.

En términos generales, la zonificación más diáfana y general del español en el mundo es la que separa las regiones lingüísticamente conservadoras de las innovadoras, lo que no imposibilita la consideración de áreas de menor alcance, como se verá casi inmediatamente. Quede claro que no estamos hablando de la división que distingue un español atlántico y un español castellano: el español atlántico, propuesto por Diego Catalán, incluiría las varieda-

---

[1] Véase mapa de Henríquez Ureña, pág. 48.

des atlánticas de España (Andalucía y Canarias) y el español de América, pero no es esto lo que nos interesa. Estamos refiriéndonos a las zonas conservadoras e innovadoras que se encuentran tanto en España como en América y en otros lugares. Desde este punto de vista, serían conservadoras áreas como Castilla (sobre todo la norteña), las zonas altas de México, las zonas altas de la región andina o el interior de Colombia; serían innovadoras áreas como Andalucía y Canarias, las Antillas o las costas de Sudamérica. El conservadurismo consiste, esencialmente, en mantener o conservar elementos lingüísticos (sobre todo fonéticos) que en las zonas innovadoras evolucionan o se pierden. Un ejemplo paradigmático es el comportamiento de la ese (*s*): se debilita o se pierde en lugares como Sevilla, Cádiz, Las Palmas, La Habana, San Juan de Puerto Rico o Cartagena de Indias; se conserva de forma relativamente clara en Castilla, México, Bogotá o La Paz. Pero es posible hablar de una zonificación aún más precisa.

Rememorando unas viejas palabras de Henríquez Ureña, provisionalmente podríamos arriesgarnos a distinguir en América varias áreas generales, que podrían ser representadas por los usos lingüísticos de las ciudades y territorios más influyentes: A.1. un área caribeña (representada, por ejemplo, por los usos de San Juan de Puerto Rico, La Habana o Santo Domingo), A.2. un área mexicana y centroamericana (representada, por ejemplo, por los usos de la ciudad de México y de otras ciudades y territorios significativos), A.3. un área andina (representada, por ejemplo, por los usos de Bogotá, La Paz o Lima), A.4. un área rioplatense y del Chaco (representada por los usos de Buenos Aires, de Montevideo o de Asunción) y A.5. un área chilena (representada por los usos de Santiago). A estas cinco áreas, se añaden tres más para el español de España: E.1. una castellana (representada por los usos de ciudades como Madrid o Burgos), E.2. una andaluza (que estaría representada por los usos de Sevilla, Málaga o Granada) y E.3. una canaria (Las Palmas o Santa Cruz de Tenerife). Estas ocho áreas tendrían numerosísimos elementos en común, sobre todo en sus usos más cultos, pero en ellas se localizan rasgos diferenciadores, que son una realidad lingüística y que se han incorporado a las creencias de los hablantes. Veamos, en forma sinóptica, cuáles son los rasgos más destacados en cada una de ellas.

CARACTERIZACIÓN DE LAS VARIEDADES GEOLECTALES DEL ESPAÑOL

Los rasgos que aquí se van a relacionar funcionan como caracterizadores de cada área, bien cualitativa, bien cuantitativamente. No se pretende ofrecer una descripción exhaustiva, sino una sinopsis de fácil consulta. La forma más recomendable de completar las muchas carencias e imprecisiones que este resumen presenta es consultar las fuentes que se han apuntado más arriba.

Las entradas de nuestros cuadros reflejan usos urbanos y de hablantes cultos de cada área, utilizados con diferente frecuencia, y no características cualitativamente rurales o vulgares, por extendidas que estén en determinadas zonas. Para una interpretación adecuada, hay que tener en cuenta que los usos lingüísticos de cada zona se dan de un modo predominante, esto es, ni tienen por qué ser los únicos, ni tienen por qué ser exclusivos de cada una de ellas.

E.1. ESPAÑOL CASTELLANO

Fonética - fonología

Distinción de *s* y *z**.

Yeísmo (pronunciación [j]). Distinción de *ll* y *y* en generaciones mayores y zonas rurales.

Conservación de consonantes en posición final de sílaba.

Pronunciación apicoalveolar de *s* (roce de la punta de la lengua en los alveolos).

Pronunciación fricativa sorda de *j-g*: [káxa].

Gramática

Uso de *vosotros/as, vuestro/a(s), os* para segunda persona del plural.

Tuteo.

Léxico

Usos léxicos españoles: *gilipollas* 'tonto', *molar* 'gustar; estar bien', *follón* 'lío', *coche* 'automóvil', *billete* 'boleto', *vale* (interj.), *parado* 'desempleado', *calada* 'chupada de cigarro', *manillar* 'manubrio', *mediana* 'centro de la carretera', *apisonadora* 'aplanadora', *noria* 'rueda, estrella', *comba* 'cuerda', *chándal* 'sudadera, buzo', *chubasquero* 'impermeable', *fiambrera* 'tapper'.

* En esta obra distinguimos entre seseo (solo existe el fonema /s/), ceceo (solo existe el fonema /θ/) y distinción de fonemas (existen los fonemas /s/ y /θ/).

E.2. ESPAÑOL DE ANDALUCÍA

Fonética - fonología

Abertura de vocales finales cuando hay pérdida de consonante final: [dɔ́, trɛ́].

Seseo urbano (excepto en hablantes de Jaén, Granada y Almería).

Yeísmo.

Aspiración, debilitamiento y pérdida de consonantes en posición final de sílaba, especialmente de /s/: [áhta] 'asta', [mésah] 'mesas', [berdá] 'verdad', [lúh] 'luz'.

Pronunciación predorsal de *s* (roce del dorso de la lengua en los alveolos).

Pronunciación fricativa de *ch*: [muʃáʃo] 'muchacho'.

Aspiración de *j-g*: [káha] (excepto zonas orientales).

Gramática

Uso de *ustedes, su, suyo/a(s), se* para segunda persona del plural (Andalucía occidental).

Tuteo.

Léxico

Usos léxicos españoles. Véase E.1.

E.3. ESPAÑOL DE CANARIAS

Fonética - fonología

Seseo.

Yeísmo.

Aspiración, debilitamiento y pérdida de consonantes en posición final de sílaba, especialmente de /s/: [áhta] 'asta', [mésah] 'mesas', [berdá] 'verdad', [lúh] 'luz'.

Pronunciación predorsal de *s* (roce del dorso de la lengua en los alveolos).

Pronunciación sonorizada y con oclusión más prolongada de *ch*: [mutyátyo].

Aspiración de *j-g*: [káha].

Gramática

Uso de *ustedes, su, suyo/a(s), se* para segunda persona del plural.

Tuteo.

Léxico
Usos léxicos españoles. Véase E.1.
Usos léxicos americanos: *papa* 'patata', *guagua* 'autobús, colectivo', *cachetes* 'mejillas.
Voces de origen guanche: *gánico* 'vasija de barro', *basto* 'cabrito'.

A.1. ESPAÑOL DEL CARIBE

Fonética - fonología
Alargamiento vocálico (República Dominicana).
Seseo.
Yeísmo.
Aspiración, debilitamiento y pérdida de consonantes en posición final de sílaba: [áhta] 'asta', [mésah] 'mesas', [berdá] 'verdad', [lúh] 'luz'.
Nasalización de vocales en contacto con nasal final; también con pérdida de la nasal: [sãŋ hwãŋ] 'San Juan'; [pã] 'pan'.
Aspiración de *j-g*: [káha].
Pronunciación [l] de *-r*: [beldá] 'verdad' (Puerto Rico).
Debilitamiento y asimilación de *-r*: [komé] 'comer', [kobbáta] 'corbata' (Cuba, Puerto Rico, costa caribeña de Panamá y Colombia).
Velarización de nasal final de sílaba: [paŋ] 'pan'.

Gramática
Uso expreso de pronombre personal sujeto: *¿tú te quedas o tú te vas?*
Uso de *ustedes, su, suyo/a(s), se* para segunda persona del plural.
Posposición de posesivos: *el hijo mío, la casa de nosotros.*
Uso de pretérito indefinido con valor de pretérito perfecto.
Diminutivo afectivo en adverbios, gerundios, etc: *ahorita, corriendito.*
Diminutivo con *-ic-*: *gatico, ahoritica* (Cuba).
Diminutivo: *la manito.*
Tuteo.
Uso de pronombre tras verbo en interrogativas: *¿qué tú quieres?*
Adverbialización de adjetivos: *canta bonito, habla lindo, pega duro.*
Uso frecuente de *acá* y *allá; no más; recién* (sin participio); *cómo no.*
Derivaciones específicas en *-oso* y *-ada*: *molestoso, cachetada, papelada.*
Uso de *luego de* 'después de'.

Léxico

Usos léxicos americanos: *pararse* 'ponerse de pie/vertical', *friolento* 'friolero', *balacera* 'tiroteo', *soya* 'soja', *cachetes* 'mejillas', *cuadra* 'manzana', *egresar* 'graduarse', *concreto* 'hormigón', *plomero* 'fontanero', *frijol* 'alubia'.

Marinerismos: *botar* 'tirar', *virar* 'girar', *guindar* 'colgar'.

Indigenismos de uso americano: *ají* 'guindilla', *papaya* 'fruta de países cálidos' (arahuaco-taíno).

Afronegrismos regionales: *bemba* 'labios gruesos', *malambo* 'clase de machete', *chango* 'especie de mono', *chiringa* 'cometa ligera', *gongolí* 'gusano'.

A.2. ESPAÑOL DE MÉXICO Y CENTROAMÉRICA

Fonética - fonología

Debilitamiento y pérdida de vocales átonas: [ánts] 'antes', [kaf'síto] 'cafecito' (altiplano mexicano).

Seseo.

Yeísmo.

Pronunciación oclusiva de consonantes sonoras entre vocales: [dádos] (interior de México).

Articulación plena y tensa de grupos consonánticos: [eksámen], [kápsula].

Pronunciación predorsal de *s* (roce del dorso de la lengua en los alveolos).

Pronunciación en la misma sílaba de *tl*: [á-*tl*as].

Aspiración de *j-g*: [káha] (Norte y Sur de México, América central).

Gramática

Uso de *ustedes, su, suyo/a(s), se* para segunda persona del plural.

Tuteo (mayor parte de México).

Diminutivo afectivo en adverbios, gerundios, etc.: *ahorita, corriendito.*

Diminutivo con *-it-*: *gatito.*

Posposición de posesivos: *el hijo mío, la casa de nosotros.*

Uso de pretérito indefinido con valor de pretérito perfecto.
Concordancia de verbo impersonal *haber* (*habían fiestas*).
Uso de *hasta* con valor de inicio: *viene hasta hoy* = *no viene hasta hoy*.
Imperativo con pronombre *le* enclítico: *ándele, sígale*.
Adverbialización de adjetivos: *canta bonito, habla lindo, pega duro*.
Uso frecuente de *acá* y *allá; no más; recién* (sin participio); *cómo no; ni modo*.
Derivaciones específicas en *-oso, -ista* y *-ada*: *molestoso, dificultoso* 'que pone dificultades', *profesionista* 'profesional', *campista* 'campesino', *indiada*.
Uso de *luego de* 'después de'.

Léxico
Usos léxicos americanos. Véase A.1.
Marinerismos. Véase A.1.
Indigenismos regionales (náhuatl): *cuate* 'mellizo', *elote* 'maíz verde', *pulque* 'vino del agave'.

A.3. ESPAÑOL DE LOS ANDES

Fonética - fonología
Debilitamiento y pérdida de vocales átonas: [ánts] 'antes', [kaf'síto] 'cafecito' (regiones andinas).
Seseo.
Yeísmo, con grupos y zonas de distinción de *ll* y *y* (occidente).
Aspiración de /s/ cuando precede a consonante: [míhmo] 'mismo'.
Pronunciación predorsal de *s* (roce del dorso de la lengua en los alveolos). En las zonas de montaña la pronunciación puede ser apical (ápice de la lengua en los alveolos).
Aspiración de *j-g*: [káha] (costa).
Pronunciación en la misma sílaba de *tl*: [á-tlas].
Asibilación de /r/ múltiple y de *tr*: pronunciación aproximada [kárso, trsés] 'carro, tres' (zona de la sierra).

Gramática
Uso de *ustedes, su, suyo/a(s), se* para segunda persona del plural.

Uso de tratamiento de cercanía *vos* y *tú*.
Diminutivo afectivo en adverbios, gerundios...: *ahorita, corriendito.*
Diminutivo con *-ic-*: *gatico* (Colombia).
Leísmo y loísmo.
Posposición de posesivos: *el hijo mío, la casa de nosotros.*
Uso de pretérito indefinido con valor de pretérito perfecto.
Concordancia de verbo impersonal *haber* (*habían fiestas*).
Adverbialización de adjetivos: *canta bonito, habla lindo, pega duro.*
Uso de *muy* + superlativo: *muy riquísimo.*
Uso frecuente de *acá* y *allá; no más; recién* (sin participio); *cómo no.*
Derivaciones específicas en *-oso* y *-ada*: *molestoso, pasoso* 'poroso, permeable; sudoroso', *hincada* 'acción de hincar'.
Uso de *luego de* 'después de'.

Léxico
Usos léxicos americanos: véase A.1.
Marinerismos. Véase A.1.
Indigenismos de uso americano: *ají* 'guindilla', *papaya* 'fruta de países cálidos' (arahuaco-taíno), *poroto* 'alubia', *choclo* 'mazorca', *china* 'india o mestiza' (quechua).

A.4. ESPAÑOL DE LA PLATA Y EL CHACO

Fonética - fonología
Seseo.
Yeísmo (pronunciación rehilada [ʒ]). También con pronunciación sorda: [kaβáʃo] 'caballo' (área de Buenos Aires y Montevideo).
Zonas de distinción de *ll* y *y* (Paraguay).
Aspiración de /s/ en posición final de sílaba: [míhmo] 'mismo'.
Pronunciación predorsal de *s* (roce del dorso de la lengua en los alveolos).
Pronunciación en la misma sílaba de *tl*: [á-tlas].
Asibilación de *r* múltiple y de *tr* (Chaco).

Gramática
Uso de *ustedes, su suyo/a(s), se* para segunda persona del plural.
Voseo.

Desinencias verbales: *tomo, tomás, tomá, tomamos, toman.*
Uso de pretérito indefinido con valor de pretérito perfecto.
Posposición de posesivos: *el hijo mío, la casa de nosotros.*
Diminutivo afectivo en adverbios, gerundios...: *ahorita, corriendito.*
Diminutivo con *-it-*: *gatito.*
Concordancia de verbo impersonal *haber: habían fiestas.*
Adverbialización de adjetivos: *canta bonito, habla lindo, pega duro.*
Uso frecuente de *acá* y *allá; no más; recién* (sin participio); *cómo no.*
Derivaciones específicas en *-oso* y *-ada*: *molestoso, cabezada* 'cabecera', *caballada, atropellada* 'embestida'.
Uso del prefijo *re-* con valor superlativo: *ellas eran reamigas.*
Uso de *luego de* 'después de'.

Léxico
Usos léxicos americanos. Véase A.1.
Marinerismos. Véase A.1.
Indigenismos de uso americano: Véase A.3.

A.5. ESPAÑOL DE CHILE

Fonética - fonología
Seseo.
Yeísmo (pronunciación [j]).
Aspiración de /s/ cuando precede a consonante: [míhmo] 'mismo', [loh tóros] 'los toros'.
Pronunciación predorsal de *s* (roce del dorso de la lengua en los alveolos).
Pronunciación fricativa de *ch*: [múʃo] 'mucho'.
Pronunciación palatalizada de [k], [x] y [ɣ]: [kjéso] 'queso', [xjenerál] 'general', [muxjér] 'mujer', [iɣjéra] 'higuera'.
Vocalización de *b* y *d*: [auríɣo] 'abrigo', [máire] 'madre'.
Asibilación de *r* múltiple, de *r* final y de *tr.*
Pronunciación en la misma sílaba de *tl*: [á-tlas].

Gramática
Uso de *ustedes, su suyo/a(s), se* para segunda persona del plural.
Posposición de posesivos: *el hijo mío, la casa de nosotros.*

Diminutivo con *-it-*: *gatito.*
Uso de pretérito indefinido con valor de pretérito perfecto.
Concordancia de verbo impersonal *haber* y *hacer: habían fiestas, hacen dos años.*
Uso de verbo en segunda persona de plural con pronombre *vos/tú: ¿dónde andabai?*
Adverbialización de adjetivos: *canta bonito, habla lindo, pega duro.*
Uso frecuente de *acá* y *allá; no más; recién* (sin participio); *cómo no.*
Derivaciones específicas en *-oso* y *-ada*: *pasoso* 'sudoroso', *mudada* 'muda de ropa'.
Uso de *luego de* 'después de'.

Léxico
Usos léxicos americanos. Véase A.1.
Marinerismos. Véase A.1.
Indigenismos de uso americano. Véase A.3.

Como se desprende de los resúmenes anteriores, el léxico del español ofrece una variedad y un reparto geográfico digno de tenerse en cuenta para la enseñanza de la lengua. En el cuadro siguiente se recogen las variantes léxicas usadas en seis ciudades hispánicas para denominar realidades de la vida cotidiana actual. Los datos han sido reunidos dentro del proyecto *Varilex*[2].

El hecho de que se hayan anotado una o dos formas léxicas para cada ciudad no quiere decir que no existan hablantes en esas mismas ciudades que recurran a otras posibilidades léxicas.

Aparte de esto, en los materiales recogidos para el proyecto *Varilex* se observan algunos fenómenos dignos de comentario:

1) Es frecuente que las formas más características de España se den también en América; no es tan frecuente lo contrario.

2) Muchos objetos o conceptos reciben denominaciones muy variadas dentro de una misma ciudad, si bien a menudo esa variación se produce en los complementadores (*rueda de Chicago, rueda de flor*) y no tanto como verdaderas alternativas léxicas.

[2] Véase mapa de H. Ueda, pág. 49.

VARIACIÓN LÉXICA HISPÁNICA

Bogotá	*Buenos Aires*	*Madrid*	*México*	*San Juan PR*	*Santiago Ch.*
andén	vereda	acera	banqueta	acera	vereda
bus	colectivo	autobús	camión, autobús	guagua	micro, bus
bolígrafo, esfero	birome, bolígrafo	bolígrafo	bolígrafo, pluma	bolígrafo, pluma	lápiz pasta
interior	bombacha	bragas	pantaleta, calzón	panty	calzones
cerdo, marrano	cerdo, chancho	cerdo, puerco	puerco, marrano	cerdo, puerco	chancho, cerdo
diadema, cinta	vincha	cinta, diadema	diadema, banda	banda, cinta	cintillo
cometa *f.*	barrilete	cometa *f.*	papalote	chiringa	volantín
sudadera	buzo	chándal	pants	sudadera	buzo
saco, chaqueta	saco	chaqueta	saco	gabán, chaqueta	chaqueta
vitrina	vidriera	escaparate	escaparate, vitrina	vitrina	vitrina
gafas	anteojos, lentes	gafas	lentes, anteojos	espejuelos	anteojos, lentes
llave, grifo	canilla	grifo	llave	llave	llave
pasto, hierba	pasto, yuyo	hierba	pasto, yerba	yerba, pasto	pasto
pepa, semilla	carozo	hueso	hueso	pepita, pepa	cuesco
maleta	valija, maleta	maleta	maleta, veliz	maleta	maleta
baúl 'auto'	baúl, portaquipajes	maletero	cajuela	baúl	maleta
cobija	frazada, manta	manta	cobija	frisa	frazada
mesa	velador	mesita de noche	buró	mesita, mesa	velador
overol	overol	mono	overol	mameluco	jardinero
nevera	heladera	nevera, frigorífico	refrigerador	nevera	nevera, frigider
rueda	vuelta al mundo	noria	rueda de la flor	estrella	rueda
pitillo	pajita	paja, pajita	popote	sorbeto	pajita
aretes	aros	pendientes	aretes	pantallas	aros
estampilla	estampilla	sello	timbre, estampilla	sello	estampilla
suelto, sencillo	cambio, sencillo	suelto, cambio	cambio, suelto	menudo, cambio	sencillo
carrusel	calesita	tiovivo, caballitos	caballitos, carrusel	caballitos	carrusel
curita, cura	curita	tirita	curita	curita	curita, parche
silla plegable	reposera, silla	tumbona, hamaca	silla de playa	silla de playa	silla de playa
blue jean	vaqueros	vaqueros	p. de mezclilla	mahones, jeans	blue jean, vaqueros

3) Existen áreas de afinidades léxicas que se manifiestan de forma discontinua: se aprecian coincidencias entre España y las Antillas, entre las Antillas y México, entre La Plata y Chile, entre Chile y el norte andino, entre el área andina y La Plata. Esto significa que los usos léxicos hispánicos,

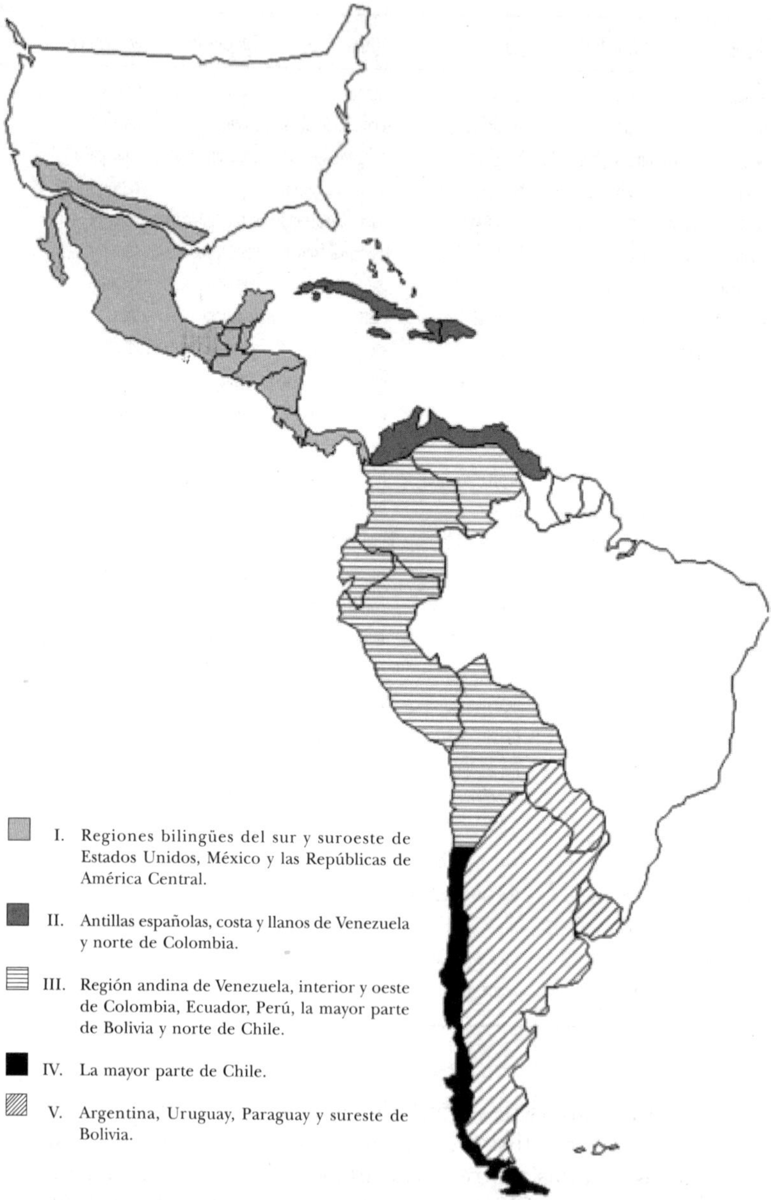

Zonas de América según Henríquez Ureña (Moreno Fernández, 1993).

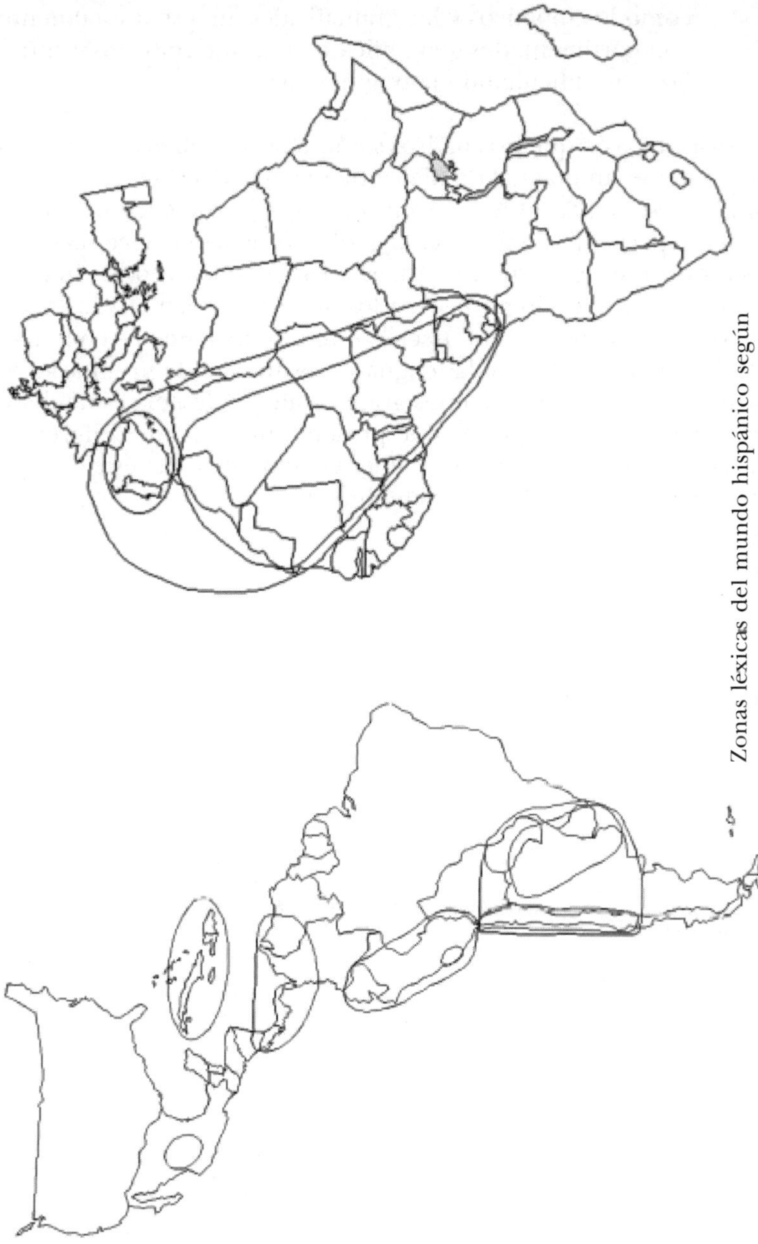

Zonas léxicas del mundo hispánico según el proyecto «Varilex» (H. Ueda).

como los fonéticos y los gramaticales, no están totalmente compartimentados geográficamente, sino trabados y entrelazados, dificultando la fragmentación.

Insistimos en que los cuadros sinópticos no deben ser tomados "como si" de un manual de dialectología abreviado se tratase: son simples resúmenes en los que un profesor puede encontrar rápidamente parte de la información geolingüística que necesita en su tarea docente. Asimismo, nuestros cuadros solo recogen hechos de algunos niveles lingüísticos, a los que se podrían añadir otros, como los relativos a la entonación o al discurso. Somos conscientes, sin embargo, de que la lengua no es un simple inventario de formas léxicas y de fenómenos gramaticales: la lengua es también una forma de "construirse" que presenta modalidades diferentes en cada comunidad de habla. Lamentablemente no es este el lugar para tratar de todo ello con detenimiento.

4

VARIEDADES SOCIALES Y ESTILÍSTICAS DEL ESPAÑOL

Lo culto, lo popular y lo vulgar

La variabilidad lingüística, como es sabido, no termina con las diferencias apreciables entre unas regiones y otras: dentro de un territorio o una comunidad determinados es posible encontrar diferencias de naturaleza social que nos transportan, consecuentemente, a un plano sociolingüístico. Para referirnos al conjunto de características lingüísticas que permiten identificar a un grupo social utilizamos el término *sociolecto*.

En rigor, puede hablarse de "sociolecto" para los rasgos caracterizadores de cualquier grupo social, esto es, de cualquier conjunto de hablantes con un elemento en común. Así pues, podría hacerse referencia al sociolecto de los hombres, al sociolecto de los jóvenes, al sociolecto de los militares o al sociolecto de los administrativos. Sin embargo, lo habitual es reservar tal denominación para aquellos hechos lingüísticos que aparecen en un estrato social determinado. Esto quiere decir que el concepto de "sociolecto" suele asociarse al de "clase" o "estrato social", de ahí que se hable de "sociolectos altos", "sociolectos medios" y "sociolectos bajos". Los sociolectos altos son aquellos que constituyen la *lengua culta* de una comunidad, mientras que los sociolectos medios y bajos configuran lo que se denomina la *lengua popular*. Pero, detengámonos mínimamente en estos conceptos de lengua, dada su importancia para todo lo relacionado con la enseñanza del español, como primera lengua, como segunda o como lengua extranjera.

La *lengua culta* está constituida por el conjunto de rasgos lingüísticos que caracteriza el habla de las personas más instruidas, mejor formadas, así como más prestigiosas, de una comunidad: directivos, empresarios, médicos, abogados, profesores; "gente educada", decía Andrés Bello. Generalmente, a esta lengua se accede por medio de la instrucción superior, en la que, como es natural, la lengua escrita disfruta de un protagonismo singular (código elaborado). La lengua culta, por otro lado, es una variedad eminentemente urbana que se irradia desde las grandes ciudades a las más pequeñas y a las comunidades rurales. La forma de hablar de las personas cultas de las ciudades, muy presente en los medios de comunicación social, es, por lo tanto, punto obligado de referencia a la hora de establecer un modelo lingüístico de prestigio con visos de ser llevado a la enseñanza de la lengua. Cuando extraemos factor común de las principales características de esa variedad de lengua, hablamos de *norma culta*, a pesar de que los límites de la "cultura" y lo "culto" son sumamente imprecisos. Esa norma no sería más que una idealización modélica que suele concretarse en obras como los diccionarios y las gramáticas.

La *lengua popular*, por su parte, es un nivel de lengua complementario del nivel culto, que se manifiesta principalmente en los hablantes de estratos socioculturales medios-bajos. En la lengua popular se encuentran numerosos rasgos dialectales, arcaizantes, coloquiales y vulgares que afectan a todos los niveles lingüísticos: fonético, gramatical, léxico y discursivo. La caracterización de la lengua popular presenta dificultades sociolingüísticas importantes, dado que los límites entre el habla de los estratos altos y bajos son borrosos y dado que son muchos los elementos compartidos entre lo culto y lo popular. Hasta tal punto esos elementos lingüísticos son compartidos por ambos niveles, que generalmente hay que recurrir a diferencias cuantitativas para las caracterizaciones.

Muy cerca de lo popular y frecuentemente confundido con ese nivel, se encuentra lo vulgar, pero una diferencia importante los separa: mientras que lo popular puede –y suele– estar dentro de lo correcto, lo admitido, lo consentido y lo aceptado socialmente, lo vulgar no. Los usos vulgares son usos que rompen la norma social institucionalizada, la norma lingüística o ambas; son usos a menudo incorrectos, no admitidos como adecuados, no consentidos en ciertos contextos y situaciones y no aceptados abiertamente. Todo ello no significa que no sean usados, incluso por los hablantes de más alto estatus, que no puedan aparecer en muchos contextos o que no se acepten de una forma encubierta: hay situaciones que parecen exigir la presencia de usos vulgares, especialmente en conversaciones entre hombres o entre jóvenes de ambos sexos.

El juego entre lo culto, lo popular y lo vulgar forma parte de un proceso de variación que se manifiesta de formas variopintas, en la lengua hablada y en la lengua escrita; así, es posible encontrar variedades dialectales usadas como estilos específicos, obras literarias que manipulan usos vulgares o grupos sociales que se distinguen por elementos lingüísticos de diferente procedencia geográfica. De hecho, no existe un correlación rígida entre las series conceptuales "literario/coloquial, culto/popular, escrito/oral".

Probablemente más de uno haya echado de menos, en los cuadros de las principales variedades del español que hemos presentado, ciertos usos considerados como muy típicos de cada zona. Somos conscientes de ello, pero, salvo error u omisión, no se los ha incluido por tratarse de rasgos que pertenecen más bien a lo que llamamos usos populares o vulgares y no al ámbito de la lengua culta, aunque, en determinados casos, la diferencia entre lo culto y lo popular es fundamentalmente una cuestión de frecuencia, como ya se ha dicho. Veamos en el cuadro siguiente algunos de estos usos populares, tanto de España como de América.

Desde el punto de vista de la enseñanza de la lengua, ya lo comentaremos más detenidamente, conviene conocer la naturaleza y las condiciones de uso de estos rasgos, para no enseñarlos de forma inoportuna o para enseñarlos debidamente explicados y contextualizados. La importancia de este conocimiento es mayor, si cabe, cuando el habla del propio profesor incluye rasgos de ese tipo.

USOS POPULARES O VULGARES

Fonética

- Cambio de timbre vocálico: [melitar] 'militar', [eskúro] 'oscuro', [puliθía] 'policía', [tjátro] 'teatro', [gáyu] 'gallo' (España y América)
- Geminación de consonantes: [kobbáta] 'corbata', [kánne] 'carne' (España y América; puede aparecer en hablantes cultos caribeños)
- Pérdida de consonantes en posición intevocálica: [déo] 'dedo', [bóa] 'boda', [maúro] 'maduro', [tokáo] 'tocado', [benío] 'venido' (España y América)
- Pérdida de consonantes en posición final de sílaba: [doh kafé] 'dos cafés' (España y América)

- Confusión de consonantes en posición final de sílaba: [aksolúto] 'absoluto' [agbertír] 'advertir' (España y América)
- Aspiración de /f/: [ahwéra] 'afuera', [hamílja] 'familia' (España y América)
- Neutralización de líquidas: [beldá] 'verdad' (puede aparecer en hablantes cultos caribeños) , [ehpárða] 'espalda' (España y América)
- Pronunciación velar de *r* múltiple: [péRo] 'perro' (Puerto Rico)
- Pronunciación velar de *s* ante velar sorda: [áxko] 'asco' [éx ke] 'es que' (mitad sur de España y América del Sur)
- Ceceo (pronunciación interdental para *s* y *z*): [θáko] 'saco', [θenθáto] 'sensato' (Andalucía)

Gramática

- Formación de plurales irregulares: *cafeses, pieses, sofases* por *cafés, pies y sofás* (España y América)
- Uso de *haiga* por *haya*: **se irá cuando haiga comido* por *se irá cuando haya comido* (España y América)
- Uso de *haber* por *estar*: **habemos tres personas aquí* por *estamos tres personas aquí* (España y América)
- Queísmo: **me habló que necesitas cuidados* por *me habló de que necesitas cuidados* (España y América)
- Dequeísmo: **pienso de que* por *pienso que* (América, principalmente)
- Uso de condicional por imperfecto de subjuntivo: **si podría, vendría* por *si pudiera, vendría* (España)
- Orden de pronombres personales alterado: **me se ha caído* por *se me ha caído* (España)
- Laísmo y loísmo (España, principalmente)
- Falsa concordancia de número en pronombres personales: **se los di* (a ustedes) por *se lo di* (América)

EL ESTILO, LA FUNCIÓN Y EL CONTEXTO

Se entiende por *estilo* el conjunto de usos lingüísticos que se definen en función de una situación y un contexto comunicativo. Estamos, pues, ante un tipo de variación y de variedad lingüística con una extraordinaria importancia en la enseñanza de la lengua. El desarrollo desde los años setenta del llamado *enfo-*

que comunicativo ha contribuido enormemente a valorar la información relativa a las situaciones y los contextos: en otras palabras, a valorar la información relativa a los estilos. Pero, es aquí donde encontramos algunos escollos que por momentos se antojan insalvables.

La cuestión se plantea de la siguiente manera: la enseñanza-aprendizaje de la lengua desde el enfoque comunicativo requiere unos elementos lingüísticos perfectamente contextualizados; se trata de una actividad vertebrada en torno a los conceptos de noción y de función lingüísticas (saludar y despedirse, expresar sorpresa, decepción, duda, pedir información). Si esto es así, para utilizar los elementos lingüísticos apropiados a cada función, se necesita una información muy precisa y completa sobre los usos reales y sus contextos. El problema es conocer tales usos en contexto: si no es fácil conocer los rasgos de las principales variedades geolingüísticas y sociolingüísticas, muy difícil será conocer las variedades estilísticas en sus usos, funciones y contextos, porque ni los usos ni los contextos comunicativos son iguales en todo el mundo hispánico. Aquí está una de las claves de por qué dos hispanohablantes de procedencia diferente, conociendo y reconociendo las características geolingüísticas del otro, pueden tener dificultades para entenderse. Existen multitud de aspectos comunicativos –verbales y no verbales, entonativos, léxicos y fraseológicos–, modos de entender la ironía, que son diferentes dentro del mundo hispánico: por eso se habla de la existencia de una sola comunidad idiomática (todos hablan español), pero de multiplicidad de comunidades de habla, en las que la competencia comunicativa presenta perfiles propios y distintivos.

Pongamos un ejemplo, que lamentablemente no será tan significativo para nuestros potenciales lectores argentinos o uruguayos. Imaginemos que somos profesores de español en Estados Unidos o en España –por ejemplo, españoles o mexicanos– y que un grupo de alumnos de un nivel avanzado nos dice que ha de pasar dos años en Argentina, por razones de trabajo, y que desean conocer tanto los usos geolingüísticos más característicos de la zona como los usos coloquiales imprescindibles para una supervivencia comunicativa digna. Como profesores formados, nos resultará fácil decidir que habría que incluir en nuestras unidades aspectos como el voseo, además de las características generales del español americano, por supuesto: seseo, uso de *ustedes*, etc. (nos podemos permitir, incluso, echar una ojeada a los cuadros sinópticos de este libro). Pero, ¿cómo buscar y enseñar los coloquialismos? Una posibilidad, recomendable, sería consultar el *Nuevo diccionario de americanismos* de Haensch y Werner (también citado aquí), en su volumen del *Nuevo diccionario de argentinismos.* Bien. Mas, surge el primer problema: el diccionario recoge cerca de 1.000 formas léxicas y fraseológicas etiquetadas como coloquiales y no se nos da información sobre su índice de uso. Un escalofrío recorre de abajo arriba nuestra espalda cuando apreciamos que la información que se nos ofrece resulta insuficiente para su práctica desde un punto de vista comunicativo. En la voz *goyete* (muy frecuente, por cierto) se lee:

> **goyete: no tener** ˜ Ø *coloq* Carecer algo que se ha dicho o hecho de sentido o justificación [*E, Arg*: **no tener (ni) pies ni cabeza**].

Se nos dicen bastantes cosas, es cierto, pero no obtenemos respuestas a preguntas como: ¿esto se lo podría decir un empleado a su jefe? ¿se puede emplear en una exposición de trabajo? ¿se puede decir “mi jefe no tiene goyete”? ¿este fraseologismo puede cerrar un intercambio comunicativo? ¿es totalmente equivalente en cuanto a su uso comunicativo a “no tener (ni) pies ni cabeza” o aporta algún matiz diferente? El remate llega cuando comprobamos que en el *Nuevo diccionario de uruguayismos* la palabra aparece escrita con *ll*: *gollete.*

Dificultades como estas explican directamente las que surgen en la elaboración de manuales –en general, de materiales– para la enseñanza y el aprendizaje de español. Por muy decididamente comunicativos que se quieran elaborar, es sumamente complejo contextualizar de una forma eficaz la información lingüística y comunicativa. Dada la escasez de información fidedigna sobre todo lo referido a las variedades estilísticas de las distintas regiones del mundo hispánico, los autores de materiales suelen trabajar exclusivamente a partir de los contextos y situaciones que les resultan más familiares, haciendo un ejercicio de supuesta abstracción y generalización que a menudo es deficiente o inadecuado. Por eso, los manuales unas veces suenan a falsos, no son creíbles, otras veces chocan con los contextos en los que la enseñanza-aprendizaje se produce, otras veces son simplemente insuficientes para las necesidades comunicativas de los aprendices. En la enseñanza del español se usan bastantes materiales hechos en España que no son satisfactorios para muchos aprendices extranjeros, simplemente por la disparidad de contextos comunicativos en la que se mueven autores y usuarios o porque la contextualización es deficiente. Lo mismo ocurre con muchos materiales hechos desde México o desde Estados Unidos, que de ningún modo se suelen considerar apropiados para enseñar español a extranjeros en España, más allá de cuestiones metodológicas. Además está el factor de la procedencia lingüística de los aprendices.

La contextualización y la adecuación de los elementos lingüísticos al contexto son sumamente importantes en la enseñanza y el aprendizaje de una lengua y estos aspectos también han de integrarse en el modelo de lengua. Bien cierta es la complejidad de manejar toda la información estilística y comunicativa pertinente a la hora de enseñar español. Por eso es preciso, también aquí, buscar un modelo, un patrón, una guía, que la acerque a las necesidades reales de los aprendices. El éxito de unos materiales de español como lengua extranjera tiene mucho que ver con ese proceso de abstracción o de generalización y con la forma en que se plasma al manipular la información lingüística (geolingüística, sociolingüística), la pragmática (quién dice qué, a quién, para qué) y la situacional (dónde, cuándo, con quién).

Los lenguajes sectoriales

Por último, en el terreno de la sociolingüística aplicada y aplicable a la enseñanza de lenguas, no ha pasado inadvertido el peso que han ido adquiriendo los usos lingüísticos procedentes de esferas profesionales específicas. Tales rasgos suelen recibir el nombre de *lenguajes sectoriales* o *lenguajes de especialidad* y dentro de la enseñanza-aprendizaje, son tratados en el ámbito de la enseñanza de lenguas con fines específicos.

Como es bien conocido, los llamados lenguajes de especialidad tradicionalmente han recibido el nombre genérico de "jergas", entendiendo "jerga" como un conjunto de caracteres lingüísticos específicos de un grupo de hablantes dedicados a una actividad determinada; en cierto modo, el uso de una jerga siempre es una forma de marcar una identidad sociolingüística o la pertenencia a un grupo. Esa denominación de "jerga", sin embargo, incluye situaciones y realidades bien diferenciadas (Casares). Podemos hablar de *jerga* para hacer referencia a los usos característicos de grupos gremiales: estamos ante *variedades sectoriales, espe-*

cializadas, de grupo o *tecnolectos,* con diferente grado de hermetismo, que pueden ser de muchos tipos. Aquí se incluiría la jerga médica y de la enfermería, la economista y empresarial, la jurídica, la militar, la periodística, la informática y multitud de jergas de oficios. En conexión con estas variedades sectoriales, estarían también los "lenguajes científico-técnicos", formados principalmente por nomenclaturas específicas.

Además de este tipo de jergas existen las que permiten caracterizar a un grupo social, sea el que sea, según la actividad que realice: estudiantes, deportistas, funcionarios, pescadores, etc. Tales variedades son más o menos accesibles, no tienen una intención críptica y no se suelen utilizar fuera del grupo, aunque se puedan transferir elementos a la lengua general.

Finalmente, una *jerga* también puede entenderse como un conjunto de rasgos lingüísticos, generalmente artificiosos, utilizados con una intención críptica o esotérica. Se trata de "lenguas secretas" manejadas por grupos sociales cuya actividad está o puede estar fuera de una norma o incluso fuera de la ley –es la lengua de los bajos fondos, del hampa, de la delincuencia–, aunque también se han utilizado en otras actividades, como las comerciales o las trashumantes. Estos usos, en general, se caracterizan por una gran capacidad de cambio dado que, conforme se hacen transparentes, aparecen nuevas voces que sustituyen a las que empiezan a ser desveladas (Moreno Fernández, 2005).

Volviendo al ámbito de la enseñanza de lenguas con fines específicos, parece claro que ésta puede orientarse en la dirección de cualquiera de las tres acepciones de "jerga" que acabamos de comentar, pero no es este el tipo de enseñanza con fines específicos más frecuente. Por lo general, el estudio de una lengua con fines específicos se centra en el aprendizaje de una de las variedades sectoriales. En esa línea, tal vez las mejor atendidas hayan sido el lenguaje jurídico y administrativo, el lenguaje comercial o de los negocios, el lenguaje sanitario, el lenguaje académico, el lenguaje científico-técnico y algunos lenguajes aún mas restringidos, como el lenguaje turístico.

Una cuestión importante en relación con todo ello es dónde están los límites entre una lengua de especialidad y la lengua general. Este aspecto no solo es grave sino que complica la vida de los teóricos, de los autores de manuales de lenguas con fines específicos, de los jefes de estudios de cursos especiales, que tienen que distribuir a sus alumnos por niveles, y de los propios alumnos de cursos de lenguas extranjeras, que pueden llegar a perder la motivación si se les insiste en una parte general de la lengua, que ya conocen, o si ven que no avanzan en sus conocimientos específicos porque les falta base en sus conocimientos de la lengua común.

C
EL MODELO DE LENGUA

5

A LA BÚSQUEDA DE UN MODELO

La enseñanza de lenguas proporciona buenos resultados cuando sus contenidos están fundamentados en las necesidades funcionales de los estudiantes. Al mismo tiempo, para conseguir esos resultados es preciso tener muy en cuenta los conceptos teóricos de variación lingüística, función comunicativa y contexto socio-situacional. Todo ello implica, ni más ni menos, prestar atención a la lengua en su contexto social. La existencia de variedades lingüísticas (geolingüísticas, sociolingüísticas, estilísticas) es una realidad tan insoslayable en la enseñanza de lenguas segundas y extranjeras, como decisiva en la enseñanza de primeras lenguas.

S. Pit Corder plantea de forma sensata que es imposible enseñarle a nadie toda una lengua y que la enseñanza de lenguas viene limitada por los intereses, necesidades y actitudes de los estudiantes. Por esta razón, surge la necesidad de disponer de un modelo lingüístico que oriente la enseñanza de la lengua y, por lo tanto, de poner sobre la mesa el problema de la selección del modelo.

Cuando se habla de modelo, se está haciendo referencia a una representación o construcción simplificada de una serie de hechos, que en nuestro caso serían unos hechos lingüísticos. Se trata, como ha señalado Ander-Egg, de una abstracción de la realidad, mediante la cual ponemos en relación los elementos más importantes en el funcionamiento de un sistema, y que permite reducir la variedad y complejidad de esa realidad. Si nos atenemos al espíritu de este concepto de modelo, la lengua misma sería un modelo, por tratarse de una abstracción de la realidad concreta del habla, que simplifica su infinita variedad y complejidad. Sin embargo, cuando se habla de "modelo" en enseñanza de lenguas se piensa más bien en el modelo como representación ejemplar o como referencia general. Tendríamos, pues, que el término "modelo" puede estar aludiendo a dos realidades distintas:

a) Modelo como tipo ideal. Sería la abstracción y simplificación de una lengua realizada con el fin de convertirla en ejemplar. Ese modelo puede ser creado artificialmente o puede ser seleccionado entre las posibilidades que la realidad ofrece.
b) Modelo como mecanismo oculto (*langue*, sistema, gramática). Sería la configuración abstracta y teórica de los elementos que forman la lengua y que se manifiestan de modo concreto a través del habla, con toda su variabilidad.

El modelo que necesitan y buscan los profesores y aprendices de un español que pretende utilizarse primordialmente para la comunicación oral es el del tipo ideal: no se trata de aprender cómo funcionan los mecanismos ocultos de la lengua, con sus principios, parámetros y reglas, sino, en todo caso, de adquirirlos; no se trata de aprender lingüística y trabajar a partir de configuraciones abstractas, sino de contar con un modelo de la lengua usada en sus contextos naturales. Pensamos, pues, en un modelo idealizado, construido como lengua ejemplar, elaborado a partir del uso o inducido desde él. Esta respuesta nos enfrenta al problema, siempre espinoso, de la distancia existente entre la lengua descrita y la lengua prescrita, entre el uso y la regla. Pero dejemos este aspecto a un lado momentáneamente.

La teoría de prototipos

Desde la teoría de prototipos, Ángel López hace un planteamiento de la cuestión que afecta directamente a lo que ahora nos interesa. Más arriba se ha apuntado que lo que se llama "lengua española" es una categoría mental prototípica a la que se adscriben sus variedades dialectales. Pues bien, a esa afirmación añade López García precisiones como las siguientes (1998: 13-14):

a) Las variedades de un prototipo no son ejemplares en un mismo grado: el español de Valladolid se siente por los hablantes más cerca del prototipo que el de Malabo, por ejemplo.
b) Los límites entre variedades son borrosos, incluso respecto a otras lenguas: para López García no es evidente cuándo un puertorriqueño de Harlem que se expresa en "spanglish" ha dejado de hablar en español para hacerlo en inglés;

c) Las variedades no presentan propiedades comunes, sino una semejanza o un aire de familia: existe un aire hispánico general. No existe un patrón común, por ejemplo, para el sistema de tratamientos (*tú – vosotros; tú – ustedes; vos – ustedes*).
d) La consideración de un individuo como buen o mal hablante de una lengua –sobre todo si es extranjero– se basa en su proximidad o similitud con el prototipo.
e) La consideración de un individuo como buen o mal hablante se hace en conjunto, sin distinguir, por ejemplo, entre el buen uso de los tiempos verbales y el mal uso de los pronombres personales átonos.

La aplicación de la teoría de prototipos a la realidad del español nos conduce a tres aspectos esenciales para su enseñanza - aprendizaje. Uno de ellos tiene que ver con la apreciación cognitiva de la lengua; el segundo, con la causa de que ciertas lenguas mantengan una unanimidad de actitudes en relación con el prototipo que simbolizan, mientras que otras no la mantienen; el tercero, con los rasgos que hacen que una variedad sea considerada como nuclear o periférica dentro del prototipo.

En lo relativo al primer aspecto, por muy cierto que sea que la catalogación de un hablante como bueno o malo se hace en su conjunto, también es verdad que en los juicios sobre la lengua de un extranjero a menudo se distinguen niveles lingüísticos, como señala el propio López García: de un extranjero puede decirse que tiene mala sintaxis, pero buena fonética, lo que indica la posibilidad de aplicar la teoría de prototipos a los distintos componentes de la lengua, esto es, de una forma modular.

Ocurre también que la fonética –en sentido muy amplio– es frecuentemente un nivel muy valorado, pudiendo llegar a identificarse con la lengua general: si un extranjero utiliza sonidos reconocidos como prototípicos y hace un uso fluido de la lengua, sin dudas ni interrupciones, para muchos puede pasar por buen hablante de esa lengua, por deficiente que sea su morfosintaxis. En este mismo sentido pueden ser interpretadas las “habilidades comunicativas” desplegadas en la interacción: uso de turnos de apoyo, elementos no verbales, etc. El dominio de tales habilidades se asocia al buen hablante de la lengua, aunque no se dominen los componentes más propiamente lingüísticos.

Las asociaciones y apreciaciones que se acaban de tratar suelen darse entre hablantes de limitada capacidad metalingüística o más preocupados por una supuesta eficacia comunicativa de la lengua que por su forma. Esto no se produce en los profesores de español bien formados, quienes no suelen tomar la parte por el todo ni son indiferentes a la existencia de niveles lingüísticos. Sin embargo es importante que conozcan cómo la gente aprecia la lengua en términos generales; asimismo es importante saber que los prototipos pueden aplicarse a componentes diferentes y que los componentes fonético y "conversacional" tienen un peso notable a la hora de fijar la relación con un prototipo. El profesor ha de ser consciente de que la similitud con un prototipo modular determinado (la fonética, por ejemplo) puede dar una falsa impresión de dominio de la lengua, impresión que se ha de manejar adecuadamente.

El segundo aspecto señalado afecta a la causa de que ciertas lenguas mantengan una unanimidad de actitudes en relación con el prototipo que simbolizan, mientras que otras no consiguen mantenerla. En el caso del español, el binomio lengua-Estado se muestra insuficiente para explicar el porqué de una conciencia de unidad, dado que son prácticamente veinte estados los que lo han declarado lengua oficial. Puede decirse que, dentro del mundo hispánico, como respuesta a una necesidad cognitiva, existe unanimidad de actitudes en cuanto al prototipo del español porque se contrapone con claridad a los prototipos de otras lenguas; con otras palabras, los hablantes, en su conciencia lingüística, dan más importancia a la distancia que existe entre el español y el inglés o el portugués, que a la distancia que se reconoce entre el español de América y el de la Península Ibérica. Para López García, la razón se halla en la configuración del prototipo en relación con otros prototipos vecinos.

El tercer aspecto tiene que ver con los rasgos que hacen que una variedad sea considerada como nuclear o periférica dentro del prototipo. Para Ángel López la cuestión está relacionada con el prestigio, normalmente asociado a un predominio cultural, político y económico, no tanto histórico. Desde este planteamiento, hay variedades más prestigiosas y variedades menos prestigiosas, cada una de ellas entendidas y valoradas como tales, y el profesor necesita disponer de información sobre unas y otras para afrontar con éxito su labor.

En el mundo hispánico, el prototipo "castellano" tiene una importante significación. Hasta tal punto es así que dentro de

España se sigue considerando que el mejor español –el más "puro"– es el de Castilla la Vieja; en otros países hispánicos, es frecuente pensar que el mejor español es el que más se aproxima al prototipo castellano: en Cuba se reconoce como mejor el español que se habla en Camagüey, y sus características, dentro del país, son las más parecidas a las del castellano de Castilla; en Colombia se piensa que su español es más "puro" que el de otros territorios por razones parecidas. Lo interesante es que estos prototipos funcionan incluso cuando no se tiene un conocimiento personal y directo de la fuente.

La existencia de variedades reconocidas como más cercanas y más alejadas del prototipo responde a una necesidad cognitiva. Tal necesidad se manifiesta en una conciencia dialectal por la que, para los hablantes no iniciados, el andaluz, el canario o el español de las sierras andinas son dialectos (variedades populares o vulgares), mientras que el castellano de Madrid y el de Buenos Aires no lo son, en contra de las afirmaciones de los lingüistas, que insisten en que tan "dialecto" (geolecto) es la variedad de Sevilla o Las Palmas, como la de Madrid, la de Lima o la de Santiago de Chile.

Al tratar la noción de modelo, de un modelo como tipo ideal, resulta ineludible entrar en el comentario de una serie de conceptos fundamentales para la comprensión y la explicación de realidad lingüística. Esos conceptos son los clásicos de "lengua", "dialecto" y "habla", a los que sumamos otros, como los de "norma", "acento" o "lengua estándar". En ellos nos iremos deteniendo.

LO FRECUENTE, LO COMÚN Y LO NEUTRO

La cuestión de qué modelo elegir lleva a Corder a hablar de la enseñanza de un ámbito compartido por la mayor parte de las variedades de una lengua, complementada con el conocimiento de las partes adecuadas a determinadas situaciones. En relación con este pensamiento, Corder propone una interesante distinción entre *ámbito compartido*, *frecuencia de ocurrencias* y *lengua neutra*: al primero se llega a través del análisis de los sistemas y es consecuencia de un estudio comparativo; *la frecuencia de las ocurrencias* se consigue mediante el estudio sociolingüístico de los usos verbales; la *lengua neutra* es lo que queda cuando no se presta atención específica a las diferentes situaciones en las que tiene lugar la producción lingüística. En principio no tiene por qué haber una coincidencia necesaria entre lo común y lo frecuente, pero sí suele haberla entre lo frecuente y lo neutro. Para llegar al conocimiento de lo que es común, frecuente y neutro es imprescindible contar con las informaciones tratadas más arriba: geolingüísticas, sociolingüísticas y estilísticas.

A la luz de todos estos conceptos y razonamientos, podemos ahora plantearnos qué entendemos por lengua, por dialecto, por habla, por acento, por norma y por lengua estándar. La "lengua" que nos interesa en este momento es la que resulta de un proceso de abstracción y simplificación a partir de los usos contextualizados: esa lengua incluiría lo que Corder denomina "lo común", así como la mayoría de los elementos más frecuentes y neutros. Durante los últimos años se ha manejado el término "lengua estándar" para hacer referencia a una clase de usos lingüísticos preponderantes y prestigiosos. Pero, ¿cuál sería el "español estándar"? Pensando en lo común y lo neutro de la lengua común, entendido según Corder, preferimos la denominación de "lengua general", más tradicional y ajustada a las características del mundo hispánico.

Los usos contextualizados de los que hablamos pueden ser aquellos que aparecen en variedades concretas, a las que damos el nombre de "dialectos" o, mejor, "geolectos", para evitar las muchas connotaciones negativas y de desprestigio que el primer término comporta popularmente. Cuando se atiende a los usos cultos de cada uno de esos geolectos, hablamos de una lengua culta a partir de la cual se construye una "norma culta" (véase cap. 4). Las muestras concretas de usos lingüísticos, las que se pueden registrar en la lengua escrita y la oral, reciben en su conjunto el nombre de "habla".

Finalmente, cuando se consideran de forma conjunta los hábitos fonéticos que permiten identificar la procedencia geográfica o social de una persona, hablamos de "acento" (acento andaluz, acento mexicano, acento chileno; también, acento extranjero). Aplicando esta definición a la situación actual del mundo hispánico, es fácil comprobar que todos los hablantes que lo integran tienen algún acento: unas veces podrá precisarse mucho el área geográfica de procedencia (acento bonaerense), otras no será tan fácil (acento caribeño, acento español). De cualquier modo, no puede sostenerse, como se dice en ocasiones, que una persona habla mejor que otra esgrimiendo el argumento de que "no tiene acento". El acento es un fenómeno percibido de forma relativa y siempre existe la posibilidad de que los demás reconozcan nuestro origen a través de él.

REGLAS Y USO

Antes dejamos en el aire un asunto que merece un tratamiento detenido. El problema es tan habitual como evidente: hay decenas de hechos lingüísticos que contradicen clara y rotundamente la prescripción académica, las reglas oficiales, y que son utilizados de forma intensa en amplios territorios del vasto dominio del español. Esta clase de hechos provoca la confusión en los alumnos de español, sobre todo cuando tienen ya un nivel suficiente como para apreciar las contradicciones entre los usos y las reglas, pero, en no pocas ocasiones, también crea un problema al profesorado de español. La cuestión que se plantea es qué debe incorporarse al modelo de lengua en la enseñanza: el uso habitual o las prescripciones académicas.

Naturalmente, los problemas no existen cuando el uso general y la regla coinciden, aunque también se encuentren en la calle muestras de su violación: una expresión como *me se ha caído* se oye en muchas calles de España, pero hay unanimidad de criterio a la hora de considerarla incorrecta.

Puede haber casos –que también suponen un problema relativo– en que no exista una regla explícita o suficientemente clara a la hora de admitir o negar un uso y en la que, por tanto, se decline en el uso mismo toda la capacidad de aceptación o rechazo: por ejemplo, no hay una norma explícita que sostenga que deba decirse *adecua, licua* o *evacua,* aunque sea lo más apropiado etimológicamente. Sin embargo, el uso está generalizando las formas con hiato: *adecúa, licúa* y *evacúa.*

En relación con el uso real y la corrección, es inevitable tratar dos aspectos. El primero tiene que ver con la *realidad* del uso mismo; el segundo, con la *corrección.* A propósito de la realidad, baste recordar algo que ya hemos comentado por extenso: que hay muchas "realidades" posibles, realidades geolingüísticas, sociolingüísticas y estilísticas. Si distinguimos entre una "realidad objetiva" y una "realidad subjetiva", la primera vendría delimitada por los hechos reales tal y como se manifiestan en todas sus posibilidades de variación, mientras que la segunda realidad estaría formada por aquellos hechos que aparecen en torno a unas coordenadas temporales, espaciales, sociales y situacionales concretas: por ejemplo, la realidad lingüística subjetiva, conocida y experimentada por cada uno de nosotros.

Partiendo de estas distinciones, a la hora de fijar los límites y características de unos usos lingüísticos, lo idóneo sería contar con toda la información posible sobre la realidad objetiva de tales usos, pero no siempre es así: no siempre se tiene la información necesaria sobre la realidad objetiva, y, cuando esto ocurre, los profesores echan mano de sus conocimientos, recurren a la "realidad subjetiva", hasta donde llegue, situación que, más de una vez, ha dado lugar a interesantes intercambios de opiniones entre profesores de español cuya experiencia lingüística subjetiva no coincide.

En cuanto al concepto de "lo correcto", es preciso admitir que en el mundo hispánico existe una institución que ha monopolizado de hecho ese bien llamado "corrección". Para el mundo hispánico, lo correcto es lo que la Real Academia Española y, si se quiere, la Asociación de Academias de la Lengua Española admiten como correcto. La polémica está en que, hasta ahora, una parte importantísima de los preceptos académicos está fundamentada en el español de España y más concretamente en el español de Castilla, con lo que son muchos los usos lingüísticos que escapan a su tratamiento o que simplemente quedan fuera de la norma, usos lingüísticos de las Antillas, Centroamérica, Sudamérica e, incluso, del mismísimo español de las Islas Canarias. Para centrar la cuestión, al hablar de lo correcto y lo incorrecto, nos estaremos refiriendo a lo que la Academia considera expresamente como correcto o incorrecto, admitiendo que entre las normas de la Academia las hay adecuadas y realistas, como también las hay ambiguas e incompletas.

Cuando se alude a la oposición abierta entre uso y regla, siempre puede haber quien piense que no es para tanto, que todos estas cuestiones tienen fácil solución, que no habría que irse a los extremos sino buscar soluciones intermedias entre el uso y la regla. Bien cierto es, pero también lo es que un profesor de español no siempre tiene soluciones al alcance de la mano, al alcance del aula.

Los casos en que se produce una falta de sintonía evidente entre el uso cotidiano y la regla académica proceden de todos los ámbitos tradicionalmente regulados por la Academia, esto es, del ortográfico, del fonético, del gramatical –tanto morfológico como sintáctico– y del léxico, oficializado, como se sabe, en el *Diccionario de la Lengua Española*. En el cuadro siguiente se recogen algunos fenómenos en los que uso y regla entran en contradicción.

CONTRASTE REGLA Y USO		
	REGLA/NORMA	USO
Ortografía		
uso de tilde	obligado en mayúsculas	no se usa en mayúsculas
gincana	*yincana*	*gincana, gymkana*
vóley	*vóley*	*voley, volley*
Fonética		
adecuar/licuar	*adecua/licua*	*adecúa, licúa*
Gramática		
plural	*convoyes*	*convóis*
concordancia	*había dos niños*	*habían dos niños*
concordancia	*se lo dije*	*se los dije (a ustedes)*
detrás de ti	*detrás de ti*	*detrás tuya*
leísmo	*los condenaron*	*les condenaron*
sendos	numeral distributivo	'ambos'
telefonear	*le telefoneo* (intransitivo)	*la telefoneo* (transitivo)
imperativo	*idos*	*iros*
a por	*por agua*	*a por agua*
cuanto más	*cuanto más*	*contra más*
Léxico		
sensible	'que se deja influir o afectar'	'especial'/'delicado'
aplicación	'afición y asiduidad'	'solicitud'
doméstico	'relativo a la casa'	'nacional'

En el momento en que la preceptiva académica y el uso real entran en contradicción, surge la aporía para los profesores: ¿debe enseñarse lo que dice la Academia? ¿debe enseñarse lo que se dice en la calle, aunque contravenga la regla académica? Evidentemente, hay opiniones de diferentes colores: hay quien eleva la regla académica a los altares, hay quien sacraliza el uso cotidiano, hay quien busca una síntesis a veces imposible, hay quien busca denodadamente el uso objetivo en los manuales de lingüística y hay muchos, pero muchos, que prefieren recluirse en la experiencia personal de la "realidad subjetiva" (el "esto-se-ha-dicho-así-toda-la-vida"). Las opciones son, pues, diversas. De ahí, insistimos, la necesidad de contar con una referencia, con un modelo suficientemente claro para la enseñanza del español.

Para no acumular cuestiones pendientes de un mínimo esclarecimiento, cerramos este epígrafe sobre reglas y uso en la enseñanza de español afirmando la necesidad de ambos, uso y reglas, pero conociendo hasta dónde llega el uso y aceptando las reglas bien construidas. No se trata de ignorar o desobedecer las normas académicas, se trata de que las academias redacten las reglas necesarias y de que lo hagan bien, se trata de que los lingüistas redacten sus informes sobre los usos lingüísticos pensando que esa información puede tener una aplicación práctica (lingüística aplicable) y se trata de que los profesores de español reclamen las obras que necesitan y que al hablar de "uso" no se conformen con los recursos de su "realidad subjetiva". De profesores, academias y lingüistas trata precisamente el próximo apartado.

Academias y lingüistas

La enseñanza de lenguas extranjeras siempre ha contado –y sigue contando– con un claro modelo de lengua: el que emana de la lengua escrita, referencia obligada también en los dictámenes académicos. El concepto de *autoridad* ha sido guía segura, desde la Antigüedad a nuestros días, a la hora de construir juicios sobre la calidad o la aceptabilidad de los usos lingüísticos: la idea es que el mejor modelo lingüístico ha de encontrarse, sin duda, en los mejores usos de los mejores hablantes.

La Real Academia Española, que tanta influencia tiene sobre el juicio de profesores y lingüistas, ha sido fiel a este criterio desde 1713 y ha cuidado y propagado el culto a la autoridad desde la más insigne de sus obras, la que dio sentido a su nacimiento como institución: el diccionario. En el prólogo del conocido como *Diccionario de Autoridades* se justifica la inclusión de las citas de autoridades del siguiente modo:

> Como basa y fundamento de este Diccionario, se han puesto los Autores que ha parecido a la Academia han tratado la lengua española con la mayor propriedad y elegancia: conociéndose por ellos su buen juicio, claridad y proporción.

Y más adelante se añade:

> El poner estas autoridades pareció necesario, porque deseando

> limpiar, purificar y limpiar la lengua, es obligación precisa que la Academia califique la voz y manifieste los méritos de su juicio.

La utilidad de la lengua escrita como modelo para la enseñanza es evidente porque allí van a encontrarse unos usos premeditadamente cuidadosos, una sintaxis rica y plena de matices, un léxico preciso y abundante, una gramática que aprovecha todos los recursos que la lengua pone a disposición de sus hablantes. En relación con la lengua escrita, el brasileño Barbosa Lima Sobrinho afirma:

> Reducir todo a la lengua hablada, o subordinar a la lengua hablada todos los fenómenos lingüísticos es destruir uno de los factores de la evolución lingüística, exactamente aquel que representa los elementos de resistencia y de conservación, de sistematización y de disciplina.

Mas no es menos cierto que, cuando los caracteres de la lengua escrita se trasladan a la lengua hablada, cabe la posibilidad de que lo formal raye con lo afectado y lo cuidado con la falta de naturalidad; el futuro de subjuntivo (*viniere, leyere*) aún se encuentra en la lengua escrita, pero prácticamente ha desaparecido de la lengua hablada general; muchas unidades léxicas son patrimonio casi exclusivo de la escritura (*albura, can, óbito*) y lo mismo ocurre con numerosos nexos y construcciones sintácticas.

Encontramos autores, como Josse De Kock, que, en la enseñanza de español para extranjeros, optan por no quedarse en la regla académica y dejan una cierta capacidad de maniobra a los usos reales sin tener en cuenta toda la realidad objetiva; su opción es tomar como base, no el uso real objetivo ni los usos de la realidad subjetiva, sino los de una realidad intermedia que, siendo objetiva, es abarcable para el profesor: los usos de escritores muy cualificados en lengua española; los usos de los autores de reconocido prestigio (las nuevas autoridades), que, como es sabido, no siempre coinciden con los usos preconizados desde las academias (Vargas Llosa, Delibes, Fuentes, Cela).

¿Es adecuada esta solución? Para De Kock, más que adecuada, la salida es práctica: se trata de manejar como referencia, sobre todo para cuestiones gramaticales, la lengua de los ensayos y de los escritos de divulgación de autores de primera fila. Así lo han hecho desde hace bastante tiempo y lo siguen haciendo muchos profesores de español para extranjeros.

Otros profesores están utilizando últimamente, y cada vez con más frecuencia, la referencia constituida por la lengua de los medios de comunicación social, sobre todo la de los periódicos de mayor tirada, por considerar que en ellos se dan unos usos que, sin ser puristas, son actuales, vivos y prestigiosos. Además, la generalización de Internet está fomentando el manejo de este recurso, dado que ofrece textos del día en cualquier rincón del mundo.

En cualquier caso, observamos en la actualidad una doble tendencia, en parte contradictoria, que afecta a la elección de los modelos de español en la enseñanza a extranjeros. Por un lado, cada vez es mayor el aura y la autoridad reconocida a la Real Academia Española en particular: si la Academia sanciona algo, se admite la sanción con pocas o nulas discusiones. Esta función sancionadora se ve complementada con la labor orientadora del *Diccionario panhispánico de dudas*. Y se da la circunstancia también de que, cuando la Academia no satisface una necesidad, se suele buscar un sucedáneo, una norma pseudo-oficial dispuesta a dejarse seguir con solvencia: pensemos en el éxito de la *Gramática de la lengua española* de Emilio Alarcos o de la *Gramática didáctica del español* y del libro *Hablar y escribir correctamente* de Leonardo Gómez Torrego, cuyos comentarios sobre lo correcto y lo incorrecto son de enorme utilidad para los profesores de español repartidos por todo el mundo; pensemos también en el importante servicio que prestan a los profesores –y a cualquier hablante– los clásicos diccionarios de dudas.

Por otra parte, la enseñanza de lenguas extranjeras, en conjunto, lleva años inclinada hacia una línea comunicativista y anteponiendo el uso real (muchas veces objetivo, las más subjetivo) a la regla académica. La generalización de los métodos inspirados en el enfoque comunicativo ha contribuido a ello, como lo ha hecho el apogeo de muchas disciplinas lingüísticas fundamentadas en la lengua hablada (sociolingüística, pragmática, etc.). Por eso necesitamos obras que informen de forma práctica de lo que hemos denominado la "realidad objetiva", de cómo son los usos lingüísticos de América, de España, en situaciones formales e informales en hablantes de extracción social diferente. Entre todos ellos, los que sin duda tienen más peso son los usos de los grupos de hablantes cultos, la "norma culta", porque, si no existe una regla, la norma culta podría servir de base para crearla, si una regla es ambigua podría servir para desambiguarla, si una regla resulta contradictoria con el uso general, incluido el culto, lo más probable es que, al final, haya que cambiar regla y, si la regla es contradictoria con el uso y se excluye el uso culto, lo apropiado sería enseñar bien la regla. La aportación de los centros de investigación y de los lingüistas que en ellos trabajan adquiere, pues, un peso decisivo a la hora de construir modelos.

Concluyendo, ¿lengua escrita o lengua hablada? Un modelo adecuado para la enseñanza de la lengua debe hallarse en el terreno de la lengua escrita menos artificiosa y de la lengua hablada menos descuidada; dejamos a un lado, claro está, cualquier consideración sobre enseñanzas para fines específicos o para contextos o intereses muy particulares. Siguiendo esta línea de argumentación, si se considera necesario que la variedad de lengua enseñada sea prestigiosa, los usos que están en mejores condiciones de elevarse a la categoría de modelo son los de las personas de mayor prestigio, las variedades mejor consideradas en las comunidades hispanohablantes.

6

¿ESPAÑOL DE ALMODÓVAR? – ¿ESPAÑOL DE MI TIERRA? – ¿ESPAÑOL DE DISNEYLANDIA?

Como se desprende del capítulo anterior, la respuesta a cualquier cuestión relacionada con lo que hay que enseñar o lo que no hay que enseñar pasa por tener en cuenta los usos lingüísticos que configuran la norma culta de una variedad lingüística, los usos de los hablantes cultos, instruidos y prestigiosos de la comunidad cuya lengua se enseña y aprende. Pero, ¿cuál puede ser la norma de referencia de una lengua extendida como lengua materna por cuatro continentes, oficial en una veintena de países y con modalidades sociales y dialectales muy diversas? ¿cuál puede ser el modelo de una lengua que tiene manifestaciones cultas en todos sus territorios principales? O, para empezar, ¿puede existir una norma o un modelo hispánico común? Como respuesta a esta pregunta, compartimos la opinión de Lope Blanch (1991):

> Creo que sin duda existe una norma lingüística hispánica, que sería el paradigma ejemplar al que todos –o, siquiera, muchos– aspiramos cuando tratamos de "hablar bien".

Esa norma sería un paradigma idealizado, pero avancemos poco a poco. Cuando una comunidad idiomática constituida por varios países –como es el caso del español– decide dotar a su lengua de una "estandarización", es decir, decide codificar y aceptar un conjunto de normas que definan los usos correctos, por medio, básicamente, de una ortografía, una gramática y un diccionario, puede hacerlo de dos maneras: mediante una *estandarización monocéntrica*, que supone la aceptación universal de unas mismas normas, o por medio de una *estandarización policéntrica*, que admitiría la convivencia simultánea de varios patrones de normas. Si nos atenemos a esta distinción, la "estandarización" del español sería monocéntrica: el mundo hispanohablante, en términos generales, acepta de forma universal unas mismas normas, unas mismas reglas. Para los profesores de español es importante saber que, más allá de su origen o de su circunstancia geográfica, cuentan con un solo modelo ortográfico y con un modelo gramatical y léxico compartido en su esencia por millones de hablantes. Es la norma de las academias de la lengua española.

Por otra parte, una estandarización puede ser de dos tipos: *endonormativa*, si las reglas o normas están basadas en el modelo lingüístico del propio país, o *exonormativa*, si las normas están basadas en modelos de uso de otro u otros países. Durante mucho tiempo, la estandarización del español realizada por la Real Academia Española, desde la perspectiva de los países hispanohablantes americanos, ha sido exonormativa, puesto que ha estado basada en el modelo lingüístico del español de España, y más concretamente de la España del Norte. No hay que ignorar, sin embargo, que desde que se creó la Asociación de Academias de la Lengua Española, en la segunda mitad de nuestro siglo, las decisiones que afectan a las normas generales de aceptación y corrección se han tomado contando con la opinión de esas academias. La "estandarización" del español ya no es tarea exclusiva de la Española, sino misión de todas las academias de la lengua, por más que la tradición, el prestigio y la capacidad de la Real Academia sean bien reconocidos y respetados por las instituciones hermanas. Una prueba de ello es la publicación en 1999 de la *Ortografía de la lengua española*, en "edición revisada por las Academias de la Lengua Española": es sabido que la participación de esas academias en la *Ortografía* no fue puramente testimonial, sino que resultó decisiva para admitir, por ejemplo, el doble silabeo y la doble acentuación del tipo *guion/gui-ón*.

Las peculiares características del mundo hispánico hacen que adquiera una especial relevancia la colaboración entre las academias de la lengua española porque la *norma culta* del español, la que ha de servir de modelo para la "estandarización monocéntrica" y para la enseñanza, no es única sino múltiple. En los primeros capítulos hemos tenido oportunidad de presentar los usos lingüísticos cultos característicos de las principales áreas de América y España. Afirmamos, por lo tanto, que no existe una sola comunidad de habla cuyos hablantes más prestigiosos deban servir de referencia lingüística exclusiva y obligatoria para el resto del mundo hispánico. Estamos ante un caso de "estandarización monocéntrica" (norma académica única) construida sobre una realidad multinormativa (norma culta policéntrica).

Pero, ¿cómo llegar a esa estandarización monocéntrica sin que surjan conflictos interregionales nacidos del policentrismo, esto es, garantizando el mantenimiento de un respeto mutuo, generalizado y oficializado? No se puede olvidar que el asunto de la doble acentuación, aparentemente simple, ha supuesto algunas controversias entre academias y que se ha insistido en el deseo de un consenso en materia gramatical, mucho más peliaguda. Por otro lado, ¿conviene disponer de dobles o triples soluciones para los aspectos más complejos? ¿no se haría un flaco favor a la unidad de la lengua? ¿no daría lugar a que profesores y aprendices pensaran que "todo" es posible? ¿no se trata de lograr una "estandarización monocéntrica" que sirva de modelo de uso y enseñanza?

En nuestra opinión, la conveniencia de mantener una estandarización monocéntrica está fuera de dudas: los resultados han sido satisfactorios después de varios siglos y no tienen por qué dejar de serlo. A la vez, es necesario distinguir dos nociones importantes, directamente relacionadas con la cuestión de la norma y el modelo: se trata de las nociones de *equivalencia* y de *preferencia* normativas. Tales nociones no han sido extrañas al quehacer histórico de la Real Academia Española, pero pueden cobrar nueva importancia ante las tendencias actuales. Hablamos de *preferencia* cuando existen dos usos posibles, los dos reconocidos como correctos, y solo uno se "recomienda" o se "prefiere": la Academia acepta como correcto *hemiplejia*, pero prefiere *hemiplejía*; acepta como correcto *andara*, pero prefiere *anduviera*; acepta como correcto *apócima*, pero prefiere *apócema* y, sobre esta, prefiere *pócima*; acepta como correcto *espejuelos*, pero prefiere –no sabemos por qué– *anteojos*. Desde nuestro particular punto de vista, es preferible primar la uniformidad sobre la alternancia –a la hora de crear un modelo– y, cuando esto no es posible, someter los usos variables al criterio de la preferencia. Así, dada la multiplicidad de soluciones, podríamos considerar oportuno que la *Ortografía* de 1999 haya dado preferencia, en el caso de la alternancia de formas como *guión/guion*, a una de las posibilidades (la diptongada) y que se reconozca la posibilidad de la otra (la del hiato, con acento). El problema está en que no parece que la decisión se haya tomado a partir de una información geolingüística, sociolingüística y estilística tan amplia y rigurosa como la circunstancia exige, porque los estudios sobre el silabeo en español brillan por su escasez.

La información geolingüística que hemos manejado a lo largo de estas páginas ha dejado claro que no siempre es posible la aplicación del mecanismo de la preferencia normativa, porque encontramos rasgos bien contrastados en cuanto a su uso, prestigio y calidad en cada área del mundo hispánico. En estos casos, se habla de *equivalencia normativa*: se trata de la relación entre usos aceptados como correctos sobre los que no se emite un juicio de preferencia. Tal debe ser el tratamiento hacia fenómenos fonético-fonológicos tales como el seseo o la distinción /s/-/θ/, hacia fenómenos gramaticales como el uso de *ustedes* para la segunda persona o hacia los usos léxicos geosinonímicos. Podría plantearse, incluso, la conveniencia, cuando fuera necesario, de tratar los fenómenos de habla desde el criterio de la preferencia y los fenómenos de lengua desde el criterio de la equivalencia normativa.

Una vez aclarados estos conceptos, ha de plantearse la cuestión de cuáles son las alternativas de modelos de lengua realmente disponibles para el usuario y el profesor; con otras palabras, qué español se debe enseñar.

Los modelos

En el momento de buscar un prototipo de lengua susceptible de ser utilizado como modelo en la enseñanza de español, se puede recurrir a dos parámetros principales: el geográfico y el social. El primero nos lleva a mirar a un lugar o unos lugares determinados; el segundo nos conduce a un grupo o unos grupos sociolingüísticos concretos. Pero, al combinar ambos parámetros, simplificando mucho la realidad, podemos decir que en la enseñanza de español en el mundo se suelen manejar tres posibilidades "prototípicas": el modelo del español de un solo lugar (Castilla), el modelo del español de cada zona principal y el modelo de los usos panhispánicos.

El modelo castellano –la norma culta castellana– goza de ascendiente dentro de España y en muchos lugares fuera de España: los filipinos, por ejemplo, no dudan a la hora de inclinarse por aprender un español de España, entiéndase de Castilla; muchos profesores piensan que el castellano representa un modelo centrípeto, que cuenta con un importante prestigio social y lingüístico y que está por encima de los desacuerdos y rivalidades que se puedan producir entre otros países hispanohablantes. Este modelo ofrece la ventaja de concordar con la norma académica tradicional y con los usos de buena parte de las autoridades hispánicas. El mismo Andrés Bello recomendaba la conservación del castellano.

Entre los profesores es frecuente, para que ese castellano no huela a rancio, actualizar el modelo incorporando muestras y ejemplos de manifestaciones literarias modernas y contemporáneas: un buen número de profesores de español devora los libros de *Manolito gafotas*, de Elvira Lindo, ávidos de lengua viva y contemporánea; las películas de Almodóvar presentan no pocas expresiones coloquiales de las que se toma buena nota para llevarlas al aula (*español de Almodóvar*). La combinación "Castilla + Academia + modernidad cultural" se hace irresistible para buena parte del profesorado.

Pero el castellano no es ni mucho menos el único modelo disponible, ni en lo que se refiere a la enseñanza del español como primera lengua, claro está, ni en la enseñanza del español para extranjeros, donde a veces se recurre al modelo castellano (*grosso modo*, de Castilla) sólo para disipar ciertas dudas menores. En muchos lugares se prefiere decididamente un modelo diferente del castellano, se tiende a un modelo más próximo, capaz de satisfacer mejor los intereses y expectativas de quienes lo aprenden. Incluso Bello, que se había decantado por la autoridad castellana para preservar la unidad de la lengua, llegó a afirmar:

> No se crea que recomendando la conservación del castellano sea mi ánimo tachar de vicioso y espurio todo lo que es peculiar de los americanos. [...] Si de raíces castellanas hemos formado vocablos nuevos, según los procederes ordinarios de derivación que el castellano reconoce, y de que se ha servido y se sirve continuamente para aumentar su caudal, ¿qué motivos hay para que nos avergoncemos de usarlos? Chile y Venezuela tienen tanto derecho como Aragón o Andalucía para que se toleren sus accidentales divergencias.

Desde tal perspectiva, existe la posibilidad de tomar como modelo o referencia el español de la región hispánica propia, de la más cercana o con la que se tiene una mayor relación y afinidad (*español de mi tierra*). Por eso muchos estadounidenses prefieren aprender un español de México o centroamericano y no el de España; por eso en el sur de Brasil se prefiere manejar un español rioplatense, aunque muchas de las diferencias geolingüísticas, la mayoría de las veces, no sean advertidas por los neoaprendices.

Vamos descubriendo, poco a poco, por dónde se perfilan los modelos lingüísticos de utilidad para la enseñanza y el aprendizaje del español. Partiendo de una estandarización monocéntrica –que no suele ponerse en duda–, hay profesores y estudiantes que se inclinan decididamente por un modelo de español sustentado en el español de Castilla, por su prestigio, por sus valores tradicionales, por ser respaldo de muchos dictámenes académicos, por tratarse de una modalidad de España, porque les conviene o por las razones que sea, que muchas más puede haber. También hay profesores y estudiantes que trabajan con un modelo concreto de español americano, por el prestigio dentro de su comunidad, por los valores sociales que representa, por tratarse de la modalidad de grandes países como México, Cuba, Chile, Argentina, Colombia o por las razones que fuere, que también aquí pueden ser muchas y poderosas. Para identificar estos modelos, pueden servir de ayuda los cuadros caracterizadores de las ocho áreas principales presentados más arriba. Los rasgos cultos de cada una de esas áreas, por ser cultos y estar apoyados en unos criterios de corrección general, pueden formar parte de un modelo para la enseñanza de español, porque ¿qué sentido tiene que un profesor de origen mexicano cambie los usos cultos de su modalidad por los de otra norma? Para ello se cuenta con la ventaja de la relativa cercanía, dentro de la diversidad, entre las normas cultas de todo el mundo hispánico. La tendencia centrífuga que podría apreciarse en la actitud del "español de mi tierra", se ve compensada o neutralizada cuando los rasgos con los que se trabaja son cultos y mayoritarios. A este propósito, tampoco puede olvidarse que los usos cultos de muchas áreas hispánicas son precisamente las que más se aproximan al "prototipo castellano", aun con sus particularidades, hecho que también contribuye a neutralizar una posible tendencia a la fragmentación.

Pero aquí no acaba todo. Hay profesores y estudiantes que buscan un modelo de "español general" –decididamente preferimos *general* a *estándar*–, un modelo lo más general posible, una norma hispánica abarcadora. El referente, desde tal posición, podría estar en ese español de las películas de Walt Disney (*español de Disneylandia*) o de la CNN que, siendo de muchos lugares, en todos se entiende sin que las diferencias se aprecien como extrañas. Ese modelo presentaría un sistema fonológico de 5 elementos vocálicos y 17 consonantes (con seseo y yeísmo), con una fonética y una gramática poco marcada regionalmente y un léxico constituido por los vocablos cultos de mayor difusión panhispánica: mejor *nevera* que *frigider*, mejor *pajita* que *popote*, mejor *overol* que *mameluco*, mejor *chaqueta* que *gabán*; al mismo tiempo, ese modelo prescindiría de los usos discursivos más localistas y coloquiales. Esta tendencia se ve favorecida por el alto grado de homogeneidad, en todos los niveles lingüísticos, de que disfruta el español y por el juicio de muchos intelectuales, que abogan por lo general y lo común sin que se pierda lo particular.

Los tres modelos presentados, con las características que se han explicado, no son un obstáculo para que los profesores se muevan entre ellos buscando respuesta a los problemas que se les presentan de una forma concreta.

Lo general y lo particular

En lo que se refiere a hechos lingüísticos concretos y a su carácter culto o no culto, general o regional, prestigioso o poco prestigioso, puede ser interesante recordar sucintamente lo que ocurre con algunos rasgos y con el modo de afrontar su enseñanza; por razones obvias de espacio nos centraremos en el comentario de unos pocos fenómenos fonético-fonológicos y gramaticales. En las múltiples variedades de la lengua española, pueden identificarse sin dificultad rasgos lingüísticos que se consideran cultos y generales –o al menos muy difundidos– y rasgos cultos y regionales, esto es, de difusión limitada. Junto a ellos también existen fenómenos que no gozan de prestigio, aunque puedan presentarse en grandes extensiones geográficas.

Los rasgos cultos y generales, por disfrutar de tales atributos, pueden ser llevados sin problemas a la enseñanza de español para extranjeros, aun cuando no sea preceptiva su divulgación si no se dan las condiciones apropiadas: hablamos de fenómenos como el yeísmo o el seseo. No parece tener mucho sentido obligar a distinguir *y* y *ll* a un estudiante que encuentra en ello grandes dificultades, que va a desarrollar sus actividades laborales en una comunidad hispánica yeísta, cuando el profesor es yeísta; por otra parte, si el alumno extranjero distingue con naturalidad *s* y *z*, se va a desenvolver en una comunidad que habitualmente distingue estos sonidos y el profesor los distingue en su fonética, tampoco tiene sentido hacer todo lo posible para convertir al aprendiz en seseante. El seseo y el yeísmo son rasgos de la norma culta y su enseñanza está justificada, lo que no quiere decir que las distinciones /s/-/θ/ y /y/-/λ/ no lo estén. Seseo y yeísmo son usos mayoritarios en el mundo hispánico y habituales en hablantes cultos de todos los países, incluido España, donde también hay hablantes seseantes (por ejemplo, en Sevilla o Santa Cruz de Tenerife). La extensa presencia del seseo y el yeísmo ha servido de base, en alguna ocasión, para defender una reforma ortográfica del español; parece claro, sin embargo, dada la casi inusitada proximidad entre el sistema fonológico y el ortográfico, que semejante aventura podría acarrear más riesgos que soluciones, entre otras razones por la dificultad que supone su aceptación por toda la comunidad idiomática.

Por último, los rasgos cultos que no son realmente generales deben manejarse con sumo cuidado en la enseñanza, para que el estudiante consiga hacer siempre un uso adecuado de su nueva lengua. Se acaba de mencionar la distinción de *s* y *z*, característica del habla culta de menos de un 10% de los hispanohablantes; pues bien, si los estudiantes se van a mover por zonas o entre hablantes seseantes, aunque aprendan de un profesor distinguidor, no pueden ignorar que el seseo es una variante mayoritaria en el mundo hispánico. Pero pensemos en otros fenómenos, característicos de diversas normas cultas, de geografía restringida y de valoración desigual en el mundo hispánico, como el rehilamiento de /y/ o el voseo. En este último caso, si el estudiante de español como lengua extranjera va a moverse en zonas y entre hablantes no voseantes, si va a leer español con asiduidad, no puede ignorar el uso de *tú* y de las correspondientes formas verbales, aunque el voseo tenga prestigio en ciertas zonas de América y el profesor sea voseante por su origen.

Hay casos en que no coinciden las opiniones de los profesores de un mismo centro sobre qué enseñar, con las consiguientes disputas, y hay casos en que se puede llegar a chocar con las creencias de los alumnos. Esto suele ocurrir, por ejemplo, en comunidades de inmigración en las que se utiliza normalmente una lengua distinta del español. En estas circunstancias, es frecuente que los hijos de los inmigrantes hispanos, nacidos ya en el país receptor (pongamos, Estados Unidos o Brasil), quieran incluir el español entre las asignaturas de sus estudios oficiales, por considerar que les va a resultar más fácil aprobar: al fin y al cabo es una lengua que han oído y hablado en casa desde la primera infancia. El problema aparece cuando se cercioran de que *su* español no coincide con el modelo de español que proponen los profesores, entre otros motivos porque, en muchos casos, el español que usan los inmigrantes no se ajusta a una norma culta y se ha recibido por la vía de la oralidad exclusivamente (Potowski, 2006). En estas circunstancias, se llegan a crear situaciones de pugna incruenta entre modelos lingüísticos (modelo paterno y propio/modelo escolar del profesor, sobre todo si no es nativo), poco favorables en general para la enseñanza y el aprendizaje de la lengua. El estudiante ve cómo se tambalean sus referencias lingüísticas y comprende que es mucho lo que debe estudiar, con lo que no son extraños los abandonos ni las desmotivaciones.

DUDAS FRECUENTES

Es imposible prever las dudas que la enseñanza del español depara al profesor en cada rincón de su labor. No obstante, aparte del yeísmo, el seseo o el voseo, hemos tenido oportunidad de oír en más de una ocasión dudas como las que se tratan a continuación.

¿Se pronuncian igual la b *y la* v*?*

La respuesta es inequívoca: sí, se pronuncian igual. Castilla ha confundido desde la Edad Media los fonemas /b/ y /v/ y puede decirse que en el español clásico ya no existía, por tanto, tal distinción fonético-fonológica. Este fue el uso llevado a América. El aislamiento o el contacto con otras lenguas en las que sí existe el fonema labiodental /v/ ha contribuido a mantener la distinción en el español de ciertas zonas: es el caso de regiones cercanas al dominio catalán o al dominio portugués; es el caso también de las hablas chilenas, próximas al araucano, aunque los informes sobre la zona hablan de una indistinción generalizada. Es cierto que muchos hablantes de español se esfuerzan por distinguir ambos fonemas en su habla (por ejemplo, al recitar o al cantar), pero esta diferenciación no es más que la búsqueda de una supuesta corrección que a menudo acaba, sencillamente, en fonética afectada.

¿Es correcto no pronunciar las consonantes finales?

La respuesta es inequívoca: es incorrecto no pronunciar las consonantes finales. Bien es verdad que se trata de un fenómeno muy extendido a lo largo y ancho de todo el mundo hispanohablante, pero también hay que valorar que el debilitamiento de esas consonantes es menor conforme se asciende en la escala social y conforme se pasa a un discurso más cuidado. Estamos ante un proceso extendido, pero no muy prestigiado en líneas generales. El valor gramatical de algunas de las consonantes más erosionadas, sobre todo de /s/ (morfema de plural, morfema verbal de segunda persona), hace más que recomendable su enseñanza y su práctica.

¿Se debe separar di-a-rio *o* dia-rio*?*

En este caso resulta difícil ofrecer una respuesta clara y concisa.

La norma académica parece permitir las dos posibilidades, puesto que admite *guion* y *guión*, pero carecemos de los análisis necesarios para formular afirmaciones medianamente certeras sobre el uso. Puede decirse que, para un caso como *diario*, es más frecuente encontrar la separación *di-a-rio* en la Península que en otras regiones hispánicas (nos referimos siempre al discurso continuo). No obstante, el uso demuestra que existe una variación importante, condicionada por factores geográficos, sociales y situacionales. El profesor puede preferir, por razones pedagógicas, que el alumno practique el silabeo *di-a-rio*, lo que descubre la relación con el primitivo *día*, pero ha de saber que esa práctica va a ser contravenida por los usos cotidianos y espontáneos de muchos hablantes, especialmente a medida que el discurso pierde formalidad y gana rapidez.

¿Es correcto el uso de ustedes *en lugar de* vosotros *para la cercanía?*

La respuesta es inequívoca: sí es correcto. Este uso de *ustedes* es mayoritario en el mundo hispánico y de uso normal en hablantes cultos de todas las procedencias, incluida España: *ustedes* se usa para las segunda persona del plural en Andalucía y en las Islas Canarias.

A MODO DE CIERRE

Las razones que llevan a elegir un modelo de lengua determinado suelen ser complejas y heterogéneas. Por eso, porque las opciones son más de una y más de dos, cualquiera que sea la decisión que se tome ha de valorar, como señala Corder, que los contenidos de la enseñanza deben estar cerca de las necesidades funcionales de los estudiantes y que la enseñanza de lenguas viene limitada por sus propios intereses y actitudes.

En cualquier caso, el estudiante siempre espera que se le dote de un instrumento de comunicación culto; es decir, el modelo lingüístico en la enseñanza de español ha de reflejar una norma culta: puede tratarse de la norma culta de un país u otro, de una región o de otra, puede tratarse de una norma culta general, abstraída de las normas cultas existentes, pero siempre norma culta, lo más prestigiosa y general posible. Corder propone llevar a la enseñanza de lenguas extranjeras un modelo constituido por lo común, más el ámbito específico que satisfaga los intereses, las expectativas y las necesidades de los estudiantes. Nuestra opinión coincide con la de este especialista.

CONCLUSIONES

Comenzamos esta obra explicando las principales características de la lengua española desde una perspectiva externa, para pasar, seguidamente, a la presentación de las áreas lingüísticas más importantes y de los rasgos fonético-fonológicos, gramaticales y léxicos que mejor definen las variantes cultas de cada una de esas áreas. La información geolingüística o dialectal, ofrecida de un modo conciso, se ha completado con la presentación de algunos hechos de naturaleza sociolingüística y la consideración de algunos aspectos de interés sobre la situación y el contexto comunicativo.

Tan somera caracterización del español, en sus dimensiones externa e interna, ha perseguido un fin principal: demostrar la necesidad de contar con un modelo de lengua capaz de orientar su enseñanza y aprendizaje, como lengua segunda o extranjera, en cualquier lugar del mundo. Ese modelo ha de conjugar la esencial unidad de la lengua con su gran riqueza de variedades: diversidad en la unidad.

La elección de un modelo de lengua, según hemos visto, obliga a tomar decisiones en algunas encrucijadas importantes. Una de ellas supone escoger entre lo preceptivo y lo usado, cuando entran en contradicción; otra lleva a sopesar la significación de la lengua escrita y la lengua hablada. En un caso y en otro, las decisiones adecuadas pasan por el manejo de un información completa y fidedigna sobre la realidad lingüística, en su arquitectura y en su uso. Pero, por encima de lo reglamentado y lo usado, de lo hablado y lo escrito, aunque en estrecha relación con ello, destaca la trascendencia de lo culto, reconocido en las producciones de los hablantes prestigiosos. Aún así, la adopción de un modelo implica opinar y decidir entre diversas posibilidades "prototípicas": modelo castellano, modelo culto regional, modelo panhispánico. La elección de uno u otro no puede perder de vista que los contenidos de la enseñanza deben estar cerca de las necesidades funcionales de los estudiantes y que la enseñanza de lenguas viene determinada por unos contextos, unas actitudes y unos intereses concretos. Este ha sido nuestro recorrido, que ahora ha de concluir.

Parece claro, en términos muy generales, que el modelo lingüístico que se impone en la enseñanza de español ha de ser un modelo culto, basado en una norma prestigiosa, en el que tengan un peso singular los usos generales del mundo hispánico. Admitiendo para la lengua española una estandarización monocéntrica y una norma culta policéntrica, la más elemental curiosidad conduce a preguntar cuántas y cuáles son las normas cultas de nuestra lengua. Aquí encontramos una respuesta simple: se considera que representan una norma culta idealizada, reconocida como tal por los demás hablantes, las ciudades más importantes de cada país del mundo hispánico y sus áreas de influencia. Con esto no se afirma que haya ciudades, pueblos o hablantes que carezcan de la referencia de una norma culta: todos disponen de una norma culta de referencia, lo que ocurre es que tal norma puede estar basada en características más propias de otro lugar o ser compartida con otras zonas o ciudades. Por otro lado, puede haber países con una sola norma culta, como los puede haber con varias normas en su territorio: valga como ejemplo el caso de España (norma castellana, norma andaluza, norma canaria).

La búsqueda de un modelo de lengua es tarea que el profesor desea superar de forma decidida y con ideas claras, pero no siempre le resulta fácil. La capacidad de elección de un modelo viene condicionada por factores muy diversos. Uno de ellos es el propio origen geolectal del profesor: la lengua de los profesores es un modelo lingüístico vivo, dispuesto a ser imitado por estudiantes y aprendices, por lo que es singularmente importante que se ajuste a una norma coherente. También es decisiva la comunidad hispánica en la que se vaya a mover el estudiante de español, así como sus intereses y expectativas. En ocasiones, el profesor puede sentir la tentación de sustituir la propia norma por otra que pueda considerar más prestigiosa o simplemente más adecuada; en tales casos, sin embargo, debe ser consciente de que no es tan fácil "escapar" de lo propio y de que a veces basta atenuar la intensidad de algunas características (fonéticas, por ejemplo) para evitar las desviaciones más importantes respecto de la norma culta pretendida.

En otras ocasiones, las dificultades se encuentran en el modelo lingüístico que reflejan los manuales, gramáticas y diccionarios utilizados en la enseñanza de español. El problema puede surgir cuando los materiales no se ajustan a la norma que el profesor ha decidido utilizar como modelo, lo que puede conducir a contradicciones; otras veces el problema consiste simplemente en que los materiales no reflejan bien lo que es común y general en todo el mundo hispánico. La falta de una guía clara obliga a muchos profesores a buscar sus propias respuestas; la falta de orientaciones generales y el desconocimiento de la realidad lingüística del español hacen que esas respuestas no sean siempre las más acertadas.

La forma de solventar tales carencias es conseguir más y mejor información, elaborar mejores materiales, así como proporcionar una mejor formación al profesorado de español. No se puede perder de vista que la calidad didáctica está condicionada por las muchas limitaciones de la información disponible, pero es que la información es limitada porque ni lingüistas, ni académicos la han recogido y presentado de un modo conveniente. Si lingüistas y académicos no hacen bien el trabajo que les corresponde, los profesores no podrán realizar bien el suyo.

La responsabilidad sobre la lengua y sus modelos no acaba, sin embargo, en la figura de los profesores, los académicos y los lingüistas: es algo que afecta a toda la comunidad idiomática. ¿Cómo se ejerce esa responsabilidad? Favoreciendo la unidad de la lengua, cuidando su uso, describiendo y explicando minuciosamente su funcionamiento, ofreciendo normas coherentes y fundamentadas, respetando las normas en beneficio de la comunicación internacional. Por suerte, parece que los todopoderosos medios de comunicación están contribuyendo a la unidad y propiciando una consolidación que se antoja definitiva.

REFLEXIONES Y EJERCICIOS

1. Proponga tres características externas de la lengua española.
2. ¿En qué consiste la innovación y el conservadurismo lingüísticos?
3. ¿En qué áreas hispánicas se producen los usos lingüísticos considerados como más innovadores?
4. ¿Cómo se define el seseo?
5. ¿Cómo se define el yeísmo?
6. ¿Cuáles son las principales normas cultas que pueden identificarse en el mundo hispánico?
7. Proponga cinco rasgos del español de América que sean característicos de normas cultas.
8. Proponga cinco rasgos del español de España que se consideren vulgares y desprestigiados.
9. ¿Puede el voseo ser enseñado en los cursos de español como lengua extranjera?
10. Explique en qué consiste una estandarización policéntrica.
11. ¿Cuáles son los organismos que fijan la norma oficial de la lengua española en todo el mundo?
12. ¿En qué consiste la preferencia normativa?
13. ¿En qué consiste la equivalencia normativa?
14. Proponga tres razones contrarias a una posible reforma ortográfica del español.
15. Explique dos de las opciones de modelos que se pueden seguir en la enseñanza de español.

SOLUCIONES A LOS EJERCICIOS

1. Proponga tres características externas de la lengua española.

   a) Es vehículo de una cultura internacional. b) Es una lengua hablada por más de 400 millones de hablantes. c) Es una lengua geográficamente compacta.

2. ¿En qué consiste la innovación y el conservadurismo lingüísticos?

   La innovación consiste en disponer de variantes lingüísticas que suponen un cierto grado de desarrollo o cambio en el tiempo. El conservadurismo implica una tendencia a retener ciertos procesos de cambio u ofrecer unas características menos evolucionadas respecto de las de otras variedades.

3. ¿En qué áreas hispánicas se producen los usos lingüísticos considerados como más innovadores?

   Tanto en España como en América. En España, las zonas más innovadoras se localizan en la mitad sur de la Península y en las Islas Canarias. En América, se encuentran principalmente en las áreas costeras.

4. ¿Cómo se define el seseo?

   El seseo es un fenómeno fonético-fonológico por el que no se dispone del fonema interdental sordo: las grafías *s* y *z* se leen siempre como /s/, en alguna de sus variantes fonéticas.

5. ¿Cómo se define el yeísmo?

   El yeísmo es un fenómeno fonético-fonológico por el que no se dispone del fonema palatal lateral: las grafías *y* y *ll* se leen siempre como /y/, en alguna de sus variantes fonéticas.

6. ¿Cuáles son las principales normas cultas que pueden identificarse en el mundo hispánico?

   Las principales normas cultas del mundo hispánico pueden

ser ocho: la del castellano, la del andaluz, la del canario, la del Caribe, la de México y Centroamérica, la de la región andina, la de La Plata y el Chaco y la de Chile.

7. Proponga cinco rasgos del español de América que sean característicos de normas cultas.

   Seseo (*sapato*), yeísmo (*caye*), pronunciación de *tl* en la misma sílaba (*a-tle-ta*), uso de *ustedes* para segunda persona del plural (*ustedes vienen*), uso extendido de pretérito indefinido (*hoy desayuné café con leche*).

8. Proponga cinco rasgos del español de España que se consideren vulgares y desprestigiados.

   Ceceo (**ceción* 'sesión'), neutralización de líquidas (*esparda, puelta*), alteración de orden de pronombres personales (*me se oye*), loísmo (*lo dije que viniera*), uso de condicional por imperfecto de subjuntivo (*si podría, vendría*).

9. ¿Puede el voseo ser enseñado en los cursos de español como lengua extranjera?

   Puede hacerse con alumnos que van a desarrollar su actividad comunicativa en zonas donde el voseo es prestigioso. Cualquier alumno de nivel avanzado debería conocer y reconocer la existencia del fenómeno.

10. Explique en qué consiste una estandarización policéntrica.

    La estandarización policéntrica consiste en la creación de instrumentos normativos (ortografía, gramática, diccionario) para cada una de las áreas de una lengua.

11. ¿Cuáles son los organismos que fijan la norma oficial de la lengua española en todo el mundo?

    La Real Academia Española, las Academias de la Lengua Española de cada país hispánico y la Asociación de Academias de la Lengua Española.

12. ¿En qué consiste la preferencia normativa?

    La preferencia normativa consiste en expresar una preferencia o recomendación cuando existen dos o más alternativas correctas para un rasgo lingüístico.

13. ¿En qué consiste la equivalencia normativa?

La equivalencia normativa consiste en reconocer la igualdad y equivalencia en cuanto a corrección de dos alternativas lingüísticas.

14. Proponga tres razones contrarias a una posible reforma ortográfica del español.

a) La dificultad que supone poner de acuerdo a una comunidad de hablantes muy grande. b) La dificultad que supone la reedición de miles de textos con una ortografía reformada. c) La dificultad que supone armonizar la reforma sin que se vea gravemente afectada, al menos, una generación de hablantes.

15. Explique dos de las opciones de modelos que se pueden seguir en la enseñanza de español.

Modelos generales: a) Modelo del español de España (Castilla). b) Modelo de la norma culta de un país determinado. c) Modelo de español general.

BIBLIOGRAFÍA

ACADEMIA ARGENTINA DE LETRAS, 2004, *Diccionario del habla de los argentinos,* Buenos Aires, Espasa.

ALARCOS LLORACH, E., 1994, *Gramática de la lengua española,* Madrid, Espasa Calpe.

ALVAR, M., 1982, *La lengua como libertad,* Madrid, Ediciones Cultura Hispánica.

ALVAR, M. (dir.), 1996, *Manual de dialectología hispánica. El español de España,* Barcelona, Ariel.

ALVAR, M. (dir.), 1996, *Manual de dialectología hispánica. El español de América,* Barcelona, Ariel.

ALVAR EZQUERRA, M. y A. MEDINA GUERRA, 1995, *Manual de ortografía de la lengua española,* Barcelona, Biblograf.

ANDER-EGG, Ezequiel, 1995, *Técnicas de investigación social,* 24ª. ed., Buenos Aires, Lumen.

BELLO, A., 1847, *Gramática de la lengua castellana destinada al uso de los americanos,* Santiago de Chile.

CASADO VELARDE, M., 1989, *Usos y normas del castellano actual,* Pamplona, Eunsa.

CASARES, J., 1992, *Introducción a la lexicografía moderna,* 3ª ed., Madrid, C.S.I.C.

CORDER, S. Pit, 1973, *Introducing Applied Linguistics.* Harmondsworth, Penguin.

CORTÉS RODRÍGUEZ, L. (1995). *El español coloquial. Actas del I Simposio sobre análisis del discurso oral,* Almería, Universidad de Almería.

DÍEZ, Miguel, Francisco MORALES y Ángel SABÍN, 1980, *Las lenguas de España,* 2ª. ed., Madrid, Ministerio de Educación.

ECHENIQUE, M. y J. SÁNCHEZ, 2005, *Las lenguas de un reino,* Madrid, Gredos.

ETXEBARRÍA, M., 1995, *El bilingüismo en el Estado español,* Bilbao, Ediciones, FBV.

FASOLD, R., 1996, *La sociolingüística de la sociedad,* Madrid, Visor.

FONTANELLA DE WEINBERG, B., 1992, *El español de América,* Madrid, Mapfre.

GÓMEZ TORREGO, L., 1995, *El léxico en el español actual: uso y norma,* Madrid, Arco/Libros.

GÓMEZ TORREGO, L., 1998, *Gramática didáctica del español*, Madrid, SM.
GÓMEZ TORREGO, L., 2006, *Hablar y escribir correctamente*, Madrid, Arco/ Libros.
HAENSCH, G. y R. WERNER (dir.), 1993, *Nuevo diccionario de americanismos. Nuevo diccionario de colombianismos*, Bogotá, Instituto Caro y Cuervo.
HAENSCH, G. y R. WERNER (dir.), *Nuevo diccionario de americanismos*. U. Kühl de Mones, *Nuevo diccionario de uruguayismos*, Bogotá, Instituto Caro y Cuervo, 1993.
HAENSCH, G. y R. WERNER (dir.), 1993, *Nuevo diccionario de americanismos*. C. Chuchuy y L. Hlavacke de Bouzo, *Nuevo diccionario de argentinismos*, Bogotá, Instituto Caro y Cuervo.
HERNÁNDEZ, C., 1992, *Historia y presente del español de América*, Valladolid, Junta de Castila y León.
LAPESA, R., 1980, *Historia de la lengua española*, 8ª. ed., Madrid, Gredos.
LARA, F., 1982, *Diccionario fundamental del español de México*, México, El Colegio de México - FCE.
LASTRA, Y., 1992, *Sociolingüística para hispanoamericanos*, México, El Colegio de México.
LIMA SOBRINHO, B., 1958, *A língua portuguesa e a unidade do Brasil*, Rio de Janiero, Livraria José Olympio Editora. 2ª ed., Rio de Janeiro, Nova Fronteira, 2000.
LIPSKI, J., 1996, *El español de América*, Madrid, Cátedra.
LOPE BLANCH, J.M., 1986, *El estudio del español hablado culto. Historia de un proyecto*, México, UNAM.
LOPE BLANCH, J.M., 1991, "El español de América y la norma lingüística hispánica", *Actas del III Congreso Internacional del Español de América*, Salamanca, Junta de Castilla y León, pp. 1179-1184.
LOPE BLANCH, J.M., 1992, "La falsa imagen del español americano", *Revista de Filología Española*, LXXII, pp. 313-335.
LÓPEZ GARCÍA, Á., 1998, "Los conceptos de *lengua* y *dialecto* a la luz de la teoría de prototipos", *La Torre. Revista de la Universidad de Puerto Rico*, III, 7-8, pp. 7-19.
LÓPEZ MORALES, H. (dir.), *El español de América. Cuadernos bibliográficos*, Madrid, Arco/Libros.
MORENO DE ALBA, J.G., 1993, *El español en América*, 2ª. ed., México, FCE.
MORENO FERNÁNDEZ, F., 1992, "Norma y prestigio en el español de América. Apuntes para una planificación de la lengua española", *Revista de Filología Española*, LXXII, pp. 345-359.
MORENO FERNÁNDEZ, F., 1993, *La división dialectal del español de América*, Alcalá de Henares, Universidad de Alcalá.
MORENO FERNÁNDEZ, F., 1995, "La enseñanza del español como lengua extranjera", en Marqués de Tamarón, *El peso del español en el mundo*,

Valladolid, Universidad de Valladolid – Fundación Duques de Soria, pp. 195-233.

MORENO FERNÁNDEZ, F., 1997, "¿Qué español enseñar? Modelos en la enseñanza de español/LE?", *Cuadernos Cervantes*, 14, mayo-junio, pp.7-15.

MORENO FERNÁNDEZ, F., 2005, *Principios de sociolingüística y sociología del lenguaje*, 2ª. ed., Barcelona, Ariel.

MORENO FERNÁNDEZ, F. y J. OTERO, 1998, "Demografía de la lengua española", *Anuario del Instituto Cervantes. El español en el mundo, 1998*, Madrid, Arco/Libros, pp. 59-86.

MORENO FERNÁNDEZ, F. y J. OTERO, 2007, *Demografía de la lengua española*, Madrid, Instituto Complutense de Estudios Internacionales.

MORÍNIGO, Marcos A., 1993, *Diccionario del español de América*, Madrid, Anaya-Muchnik.

POTOWSKI, K., 2005, *Fundamentos de la enseñanza del español a hispanohablantes en los EE.UU.*, Madrid, Arco/Libros.

QUILIS, A., 1992, *El español en cuatro mundos*, Madrid, Mapfre.

REAL ACADEMIA ESPAÑOLA, 1973, *Esbozo de una nueva gramática de la lengua española*, Madrid, Espasa Calpe.

REAL ACADEMIA ESPAÑOLA, 2005, *Diccionario panhispánico de dudas*, Madrid, Santillana.

SAMPER PADILLA, J.A., 1998, *Macrocorpus de la norma lingüística culta de las principales ciudades de España y América*, Las Palmas, Universidad de Las – Palmas-ALFAL. CD-Rom.

SECO, M., 1986, *Diccionario de dudas y dificultades de la lengua española*, 9ª. ed., Madrid, Espasa Calpe.

SECO, M., 1999, *Diccionario del español actual*, Madrid, Aguilar.

UEDA, H. y T. TAKAGAKI (coords.), 1993-1998, *Variación léxica del español del mundo*, Tokio, Universidad de Tokio (Equipo Varilex).

VAQUERO, M., 1998, *El español de América I. Pronunciación*, Madrid, Arco/Libros. *El español de América II. Morfosintaxis y Léxico*, Madrid, Arco/Libros.